Thomas Söding

Kommt zu mir!

Thomas Söding

Kommt zu mir!

Die Botschaft des Matthäusevangeliums

Verlag Katholisches Bibelwerk, Stuttgart
Ars Liturgica Buch- & Kunstverlag, Maria Laach

TE DEUM · Jahresedition

Ein Gemeinschaftsprojekt
von Verlag Katholisches Bibelwerk, Stuttgart
www.bibelwerk.de
und Ars Liturgica Buch- & Kunstverlag, Maria Laach
www.maria-laach.de

Neuausgabe
Die Erstausgabe erschien 2009 im Verlag Herder,
Freiburg im Breisgau

Umschlaggestaltung: Finken & Bumiller, Stuttgart
Umschlagmotiv: Matthew the Evangelist, Constantinople,
middle Byzantine period, c. 1063.
Fotografie der Abbildung: © akg images
Satz: Olschewski Medien GmbH, Stuttgart
Druck und Bindung: Finidr s.r.o., Český Těšín
Printed in the Czech Republic

ISBN 978-3-460-23209-9 Verlag Katholisches Bibelwerk
ISBN 978-3-86534-253-9 Ars Liturgica Buch- & Kunstverlag

Inhalt

Zur Einführung 9

1 *Mt 1,1–7a.15–17:*
Die Abstammung Jesu 27

2 *Mt 1,18–25:*
Die Geburt des Gottessohnes 30

3 *Mt 2,1–12:*
Die Weisen aus dem Morgenland 33

4 *Mt 3,1–3:*
Johannes der Täufer 36

5 *Mt 3,13–17:*
Die Taufe Jesu 38

6 *Mt 4,1–11:*
Die Versuchung Jesu 42

7 *Mt 4,12–22:*
Die Verkündigung der Gottesherrschaft 46

8 *Mt 5,1–12:*
Die Seligpreisungen 49

9 *Mt 5,13–16:*
Das Salz der Erde 52

10 *Mt 5,17–20:*
Die volle Gerechtigkeit 55

11 *Mt 5,38–48:*
Die Feindesliebe 57

12 *Mt 6,7–13:*
Das Vaterunser 60

13 *Mt 7,1–5:*
Splitter und Balken 63

14 *Mt 7,12:*
Die Goldene Regel 66

15 *Mt 8,5–13:*
Der Hauptmann von Kafarnaum 69

16 *Mt 9,1–8:*
Die Heilung des Gelähmten 75

17 *Mt 9,9–13:*
Der Zöllner Matthäus 80

18 *Mt 9,36–10,16:*
Die Sendung der Jünger 84

19 *Mt 11,2–6:*
Die Frage des Täufers 91

20 *Mt 11,25–30:*
Der Jubel Jesu 94

21 *Mt 12,38–42:*
Das verweigerte Zeichen 100

22 *Mt 13,1–9:*
Der Sämann 103

23 *Mt 14,15–21:*
Die Speisung des Volkes 109

24 *Mt 14,22–33:*
Der Seewandel 112

25 *Mt 16,13–25:*
Das Bekenntnis des Petrus 115

26 *Mt 17,1–13:*
Die Verklärung Jesu 122

27 *Mt 20,1–16:*
Die Arbeiter im Weinberg 126

28 *Mt 21,1–11:*
Der Einzug in Jerusalem 130

29 *Mt 21,12–16:*
Die Öffnung des Tempels 133

30 *Mt 23,1–12:*
Die Weherede 136

31 *Mt 24,29–31:*
Die Apokalypse 139

32 *Mt 25,31–46:*
Das Weltgericht 144

33 *Mt 26,20–29:*
Das Abendmahl 149

34 *Mt 26,36–46:*
Das Gebet in Getsemani 155

35 *Mt 26,57–75:*
Die Verleugnung Jesu 158

36 *Mt 27,1–10:*
Das Ende des Judas 162

37 *Mt 27,27–38:*
Der König der Juden 165

38 *Mt 27,39–50:*
Der Tod Jesu 168

39 *Mt 28,1–10:*
Das leere Grab 171

40 *Mt 28,16–20:*
Die Erscheinung des
Auferstandenen in Galiläa 174

Weiterführende Literatur 176

ZUR EINFÜHRUNG

Mit dem Matthäusevangelium beginnt das Neue Testament. Von den vier Evangelien ist es nicht das älteste, wie man lange gemeint hat, aber das erste. Es gibt in der gesamten Handschriftenüberlieferung seit dem Altertum und in allen gedruckten Bibeln kein einziges Exemplar, in dem Matthäus nicht den Auftakt der Evangelien und des Neuen Testaments bildete. Kein anderes Evangelium hat das Bild Jesu so geprägt wie Matthäus. Die Spitzenstellung des Matthäusevangeliums hat viele Gründe. Drei stechen ins Auge.

Erstens: Das Matthäusevangelium ist das Evangelium der Bergpredigt (Mt 5–7). Die »Rede der Reden«, wie der Schweizer Dramatiker Friedrich Dürrenmatt sie genannt hat, ist die am meisten zitierte Rede, die je ein Mensch gehalten hat. Sie ist eine Predigt, an der die Geister sich scheiden; sie verheißt und fordert Gerechtigkeit; sie kritisiert die Heuchelei, aber sie ist wohl auch die am häufigsten verratene und missbrauchte Rede. Doch die Seligpreisungen und das Vaterunser, das Gebot der Feindesliebe und die Goldene Regel – kaum etwas ist typischer für Jesus, und Matthäus hat all diese Worte in der Bergpredigt verbunden. Sie ist ein Kompendium der Lehre Jesu, interessant für alle, die sich über ihn informieren wollen; verbindlich für alle, die ihm Glauben schenken.

Zweitens: Das Matthäusevangelium ist das Evangelium mit dem Missionsauftrag und Taufbefehl an die Jünger, die bis an die Grenzen der Erde die Botschaft Jesu verbreiten sollen (Mt 28,16–20). Die Taufe »auf den Namen des Vaters und des Sohnes und des Heiligen Geistes« ist bis heute die gültige Taufformel in allen christlichen Kirchen. Die Lehre Jesu verpflichtet die Kirche und sollte sie begeistern. Wer diese Lehre Jesu kennenlernen will, muss Matthäus lesen. Die Sendung der Kirche – kaum eine andere Szene hat sie klarer ins Bild gesetzt. »Matthaei am Letzten« eröffnet das weite Feld der Kirchengeschichte bis ans Ende aller Zeiten und bindet es an die Gestalt und die Verkündigung Jesu zurück.

Drittens: Das Matthäusevangelium ist das Evangelium mit dem Stammbaum Jesu ganz zu Beginn (Mt 1,1–17). Dieser Stammbaum ist eine kurzgefasste Geschichte Israels von Abraham über David bis in die Gegenwart Jesu von Nazaret. Die Verwurzelung des Neuen Testaments im Alten Testament, die radikale Verbundenheit Jesu und der Kirche mit Israel – in kaum einem anderen Text wird sie klarer. Das Matthäusevangelium zeigt, dass die Jesus-Geschichte nicht in der Stunde null beginnt, sondern ohne die lange Geschichte des Gottesvolkes Israel, von der dreimal vierzehn Generationen aufgezählt werden, gar nicht geschehen wäre und nie erzählt werden könnte.

Der Verfasser

Vielleicht gibt es noch einen vierten Grund für die Prominenz des Matthäusevangeliums: die Person des Verfassers – jedenfalls so, wie ihn die Tradition gesehen hat. Arnold Stadler hat in seinem 2008 erschienenen Roman »Salvatore« noch einmal den ganzen Reiz dieser Figur ausgekostet. »Matthäus«, nach dem das Evangelium benannt wird, ist ein Zöllner, den Jesus in die Nachfolge berufen hat. Das ist ein Sakrileg. Denn ein heiliger Messias – darf er Umgang mit einem notorischen Sünder pflegen? Aber die Berufung eines verachteten Zöllners in die Nachfolge – ist das nicht gerade typisch für Jesus? Arnold Stadler bezieht sich auf den Film »Das 1. Evangelium – Matthäus«, den Pier Paolo Pasolini 1964 gedreht hat, und auf das Bild von der Berufung des Matthäus, das der skandalumwitterte Maler Caravaggio 1599/1600 für die Capella Contareli in der römischen Kirche San Luigi dei Francesi gemalt hat. Pasolini und Caravaggio zeigen das Revolutionäre in der Geschichte Jesu, das sich ereignet, weil Gott seine Gerechtigkeit aufrichtet, die alles vom Kopf auf die Füße stellt. Aber schon die Kirchenväter sind sich des Dramas bewusst: Epiphanius (315–403 n. Chr.), der selbst aus Judäa stammt, erklärt, der erste Evangelist habe ein begnadigter Sünder sein müssen, »damit er nicht nur mit dem Wort überzeuge, sondern auch mit seinem Leben das Evangelium verkünde« (haer. 51,5,2 f.).

Die historischen Verhältnisse sind freilich verwickelter. Ursprünglich sind alle Evangelien – anders als die Briefe des Neuen Testaments – anonym. Spätestens im Zuge der Sammlungen aller vier Evangelien, die früh im 2. Jahrhundert beginnt, müssen sie aber Überschriften erhalten haben – beim ersten keine andere als die heute übliche »Nach Matthäus«. Dazuzudenken ist das Wort »Evangelium«. Noch heute werden die Evangelien im Gottesdienst so eingeleitet. Der Singular »Evangelium« besagt: Es gibt nur eine einzige Frohe Botschaft, weil es nur einen einzigen Gott gibt und einen einzigen Jesus von Nazaret, der sich vielfach, aber eindeutig geäußert hat. Das »nach Matthäus« signalisiert: Dieses eine Evangelium wird von einem Menschen bezeugt, so wie er es gehört und verstanden und weitergegeben hat. Der menschliche Faktor in der Überlieferung des Evangeliums darf nicht ausgeblendet werden, weil Jesus ja selbst »wahrer Mensch« ist und weil er sein Evangelium, das Wort Gottes, als Mensch Menschen anvertraut hat, damit sie Menschen für das Reich der Himmel gewinnen. Deshalb hat er einen wie Matthäus in die Nachfolge gerufen.

Mit dem »Matthäus« in der Überschrift der Evangelien ist genau dieser Zöllner gemeint, der zum Jünger Jesu und zu einem der zwölf Apostel geworden ist. So entspricht es auch der ältesten Überlieferung. Bischof Papias aus Kleinasien hat (um 120) in seinem Buch über die »Worte des Herrn« geschrieben: »Matthäus hat also in hebräischer Sprache die Worte zusammengestellt, übersetzt aber hat sie ein jeder so, wie er es konnte« (nach Eusebius, Kirchengeschichte III 39,16).

Hier beginnen freilich die Fragen der historisch-kritischen Exegese. Das Matthäusevangelium, wie es auf Griechisch im Neuen Testament steht, wäre Papias zufolge gar nicht das Original, sondern eine mehr oder weniger gute Übersetzung. Das wird man zwar nicht prinzipiell ausschließen dürfen; aber der sprachliche Befund ist ein anderer. Das Griechisch des Evangeliums hat Klasse. Es hat weniger Semitismen als beispielsweise das Markusevangelium, bei dem niemand auf die Idee eines aramäischen Originals kommt.

Weitere Indizien treten hinzu. Bei Markus und Lukas ist »Matthäus« zwar als einer der Zwölf bekannt; aber der Zöllner, den Jesus in die Nachfolge ruft, heißt bei ihnen »Levi«. Die Untersuchungen zur Entstehungsgeschichte des Neuen Testaments zeigen, dass nicht Matthäus, sondern Markus das älteste Evangelium ist und dass Matthäus Markus als Quelle und Leitfaden benutzt hat – höchst ungewöhnlich für einen, der Augenzeuge gewesen wäre.

Die moderne Exegese unterscheidet zwischen dem historischen und dem idealen Autor. Der ideale Autor ist der Zöllner Matthäus. Der historische Autor tritt hinter ihm zurück. Er spricht durch sein Werk. Die Zuschreibung seines Evangeliums an Matthäus hat er selbst – willentlich oder unbewusst – auf den Weg gebracht; sie geht darauf zurück, dass der Zöllner Levi aus dem Markusevangelium hier Matthäus heißt, also zu einem der Zwölf wird. Die Exegese erklärt diesen Wechsel aus dem Interesse des Evangelisten, den Kreis der Jünger Jesu mit dem der zwölf Apostel mehr oder weniger gleichzusetzen. Aber warum hat er gerade Matthäus gewählt? Vielleicht lässt sich die rätselhafte und nicht ganz schlüssige Papias-Notiz auch so auflösen, dass der Apostel Matthäus zwar nicht der historische Autor des Evangeliums im modernen Sinn des Wortes ist, aber doch die entscheidende Figur im Traditionsraum dieses Evangeliums: derjenige, bei dem die Überlieferungsfäden zusammengelaufen und von dem aus sie weitergesponnen worden sind.

Vielleicht gibt es ein Jesuswort, in das der Evangelist ein Selbstporträt eingezeichnet hat. Zum Schluss der Gleichnisrede sagt Jesus: »Jeder Schriftgelehrte, der ein Jünger des Himmelreiches geworden ist, gleicht einem Hausherrn, der aus seinem Schatz Neues und Altes hervorholt« (Mt 13,52).

Zum Evangelisten passt:

- der »Schriftgelehrte«; denn kein anderer Evangelist stellt Jesus so oft ins Licht der Heiligen Schrift Israels und seiner aktuellen Auslegung;
- der »Jünger des Himmelreiches«, der er möglichweise in den Spuren des Apostels Matthäus geworden ist;
- der »Hausherr«, der Verantwortung für seine Familie übernimmt und das Vermögen verwaltet;
- der »Schatz«, aus dem er die Pretiosen holt, um sie zu zeigen und zu teilen;
- das »Neue«, die Botschaft Jesu, und das »Alte«, die Verheißung Israels, die beide zusammengehören und einander wechselseitig erhellen.

Mt 13,52 könnte schlaglichtartig beleuchten, dass das Matthäusevangelium ein judenchristliches Evangelium ist, das sich für die Welt der Heiden öffnet, und ein Zeugnis des Glaubens an Jesus Christus, der im Alten Testament tief verwurzelt ist.

Die Adressaten

Anders als Lukas, der Theophilus anredet (Lk 1,4), sagt Matthäus nicht, an wen er sich wendet. Letztlich sind die Adressaten des Evangeliums alle, die es lesen, zu welcher Zeit und an welchem Ort auch immer. Das Schlusswort Jesu nach Mt 28,16–20 zieht ja gerade keine Grenzen. Aber dem Text des Evangeliums ist ein ideales Bild der Leserschaft eingeprägt, das auf die ursprünglichen Adressaten abgestimmt ist. Für den Evangelisten am wichtigsten: Sie sind »Kirche«. Nur nach dem Matthäusevangelium nimmt Jesus das Wort »Kirche« in den Mund: einmal im Felsenwort an Petrus (Mt 16,18) und noch einmal in der »Gemeinderede«, die sich mit Fehlverhalten und Vergebungsbereitschaft im Jüngerkreis befasst (Mt 18,18). Zur »Kirche« zu gehören, heißt: getauft zu sein, an das Evangelium der Gottesherrschaft zu glauben, Jesus nachzufolgen, Gerechtigkeit zu üben. Die Adressaten, die Matthäus erreichen will, haben diesen Weg der Umkehr, des Glaubens und der Nachfolge bereits begonnen; sie sollen ihn aber weitergehen und dadurch nicht nur selbst im Glauben tiefer verwurzelt werden, sondern auch anderen einen Zugang zu Jesus eröffnen. Jesus ist ihr großer Lehrer; er soll es durch ihr Zeugnis auch für andere werden.

Wann und wo und wie die ursprüngliche Zielgruppe des Evangeliums gelebt hat, lässt sich nur in einem Indizienbeweis klären. Schon die Kirchenväter sind davon überzeugt, dass die Evangelien nicht in der apostolischen Gründerzeit der Kirche, sondern an der Schwelle zu späteren Generationen entstanden sind. Im Falle des Markus und Lukas machen ja auch die traditionellen Verfasserangaben klar, dass die Schülergeneration das Wort ergreift. Für das

Matthäusevangelium ist kennzeichnend, dass viele Fragen urchristlichen Glaubenslebens, die anderenorts schon entschieden waren, noch einmal von Grund auf diskutiert werden: Hat Jesus das Gesetz überwunden oder erfüllt? Ist Heidenmission legitim oder nicht? Löst Jesus die Bindungen der Kirche an Israel, oder stärkt er sie?

Im Vergleich mit Markus und Lukas, auch Johannes, ist das Gewicht jüdischer Themen, jüdischer Traditionen, jüdischer Probleme größer. Das wird sich kaum nur aus Spezialinteressen des Evangelisten erklären lassen. Vermutlich spiegelt es Erfahrungen und Auseinandersetzungen wider, die in der Kirche, wie Matthäus sie vor Augen hatte, von großer Bedeutung waren. Dann wird es unter den Leserinnen und Lesern, für die Matthäus geschrieben hat, viele gegeben haben, die aus dem Judentum kommen und mit Christenmenschen aus den Heidenvölkern in einer Kirche zusammen sind.

Für die stärkere Aufnahme jüdischer Jesustraditionen und ihre Verknüpfung mit den Jesustexten, die das Markusevangelium repräsentiert, gibt es auch einen historischen Ort: Die Auswanderung – oder Flucht und Vertreibung – von Judenchristen aus Galiläa, Judäa und Jerusalem in den Wirren des Jüdischen Krieges, an dem sie sich mit Berufung auf die Bergpredigt nicht beteiligt haben, hat gewiss eine tiefe Krise ausgelöst, bei ihnen und bei denen, die möglicherweise schon mit dem Rücken zu Israel in die Weiten der Völkerwelt zu schauen begonnen hatten.

Matthäus aber hat die Chance dieser Krise genutzt. Er hat ein »ökumenisches Evangelium« (Ulrich Luz) geschrieben, weil er die jüdischen Wurzeln des Evangeliums aufgedeckt und gleichzeitig den universalen Heilswillen Gottes zur Geltung gebracht hat – ganz im Sinne Jesu von Nazaret und so auf die Ostererfahrung abgestimmt, dass kein unüberwindlicher Gegensatz zu Paulus, dem Völkerapostel, aufgebrochen, sondern ein Spannungsbogen entstanden ist, von dessen Energie die Kirche lebt.

Die Spuren der Entstehung und der frühesten Bezeugung führen in die Nachbarschaft Palästinas, nach Syrien. Es scheint, dass Matthäus auf die Zerstörung des Jerusalemer Tempels 70 n. Chr. zurückblickt. Zu Beginn des 2. Jahrhunderts finden sich schon erste Lesespuren in frühchristlichen Schriften. Also wird das Evangelium irgendwann zwischen 80 und 100 seine endgültige Form gefunden haben, vielleicht in einem längeren Entstehungsprozess.

Quellen

Augustinus (354–430) war der Auffassung, die Evangelien seien in der Reihenfolge entstanden, in der sie im Kanon des Neuen Testaments stehen. Das hat bis ins 19. Jahrhundert hinein niemand so recht bezweifelt. Seitdem aber hat sich ein Umschwung vollzogen. Nach herrschender Meinung ist das Markusevangelium das älteste. Die Gründe sind nicht von der Hand zu weisen: Es ist das kürzeste Evangelium; Markus hätte aus dem Matthäusevangelium zum Beispiel das Vaterunser und die Seligpreisungen, das Gleichnis von den Arbeitern im Weinberg und das vom Weltgericht streichen müssen; dafür lässt sich kein plausibles Motiv erkennen. Umgekehrt aber lässt sich leicht erklären, dass der Markusstoff von Matthäus – und Lukas – durch andere Überlieferungen ergänzt und angereichert, modifiziert und fokussiert worden ist.

Matthäus hat sich am roten Faden des Markusevangeliums orientiert. Vor allem hat er die Grundidee eines Evangeliums übernommen und ausgestaltet: Um des Glaubens an Jesus den Christus willen muss von Jesus erzählt werden, von seinem Leben und Sterben, von seinem Tod und seiner Auferstehung; und wer sich mit der Geschichte Jesu befasst, stößt auf den Anspruch des Glaubens, der in der Nachfolge bejaht wird.

Wer aber die Geschichte Jesu erzählt, muss sie von Anfang bis Ende erzählen. Markus hat gezeigt, dass von Jesu vollmächtigem Wirken nicht erzählt werden kann, ohne dass von seinem ohnmächtigen Leiden berichtet wird –

und dass der Tod Jesu nur deshalb Heilsbedeutung hat, wie das urchristliche Glaubensbekenntnis sagt, weil er im Zusammenhang seines gesamten Lebens wie seiner Auferstehung steht. Matthäus hat sich diesen Ansatz zu eigen gemacht, aber den Anfang, die Mitte und das Ende der Jesus-Geschichte kräftig ausgestaltet: den Anfang durch das sogenannte Kindheitsevangelium (Mt 1–2); das Ende durch die Erzählung von der Erscheinung des auferstandenen Jesus auf dem Berg in Galiläa (Mt 26,16–20); die Mitte durch zahlreiche Episoden, die vor allem Jesus als Lehrer zeigen.

Hier weist die Exegese nach, dass Matthäus über Markus hinaus weitere Quellen benutzt hat. Die wichtigste scheint die sogenannte »Redenquelle« oder »Logienquelle« (abgekürzt: Q) gewesen zu sein. Man kann sie ungefähr rekonstruieren, wenn man sich an denjenigen Texten orientiert, die Matthäus über Markus hinaus mit Lukas gemeinsam hat. Hier sind der Kern der Bergpredigt, das Vaterunser und zahlreiche Prophetien Jesu zu finden. Die Spuren der Logienquelle führen nach Palästina. Sie wird die wichtigste Mitgift der von dort stammenden Judenchristen für die zunehmend von Heidenchristen dominierte Kirche gewesen sein. Schließlich gibt es viele weitere Einzeltraditionen unterschiedlicher Herkunft, von der Geburt bis zum Tod und zur Auferstehung, die Matthäus gesammelt, bearbeitet und an ihren Platz im Evangelium gestellt hat. In seinem »Buch« (Mt 1,1) hat er zwar Verbindungen geknüpft, Überleitungen geschaffen und sprachliche Veränderungen vorgenommen, aber im Wesentlichen keine neuen Jesus-Geschichten erfunden, sondern diejenigen, die er gefunden hat, aufgenommen und neu arrangiert. Der Vergleich mit Markus und Lukas zeigt, dass Matthäus sich in seiner Komposition des Evangeliums recht frei, im überlieferten Wortlaut aber stärker gebunden gewusst hat.

Als Evangelist steht er in einer Gemeinde. Viele Jesustraditionen sind ihm nicht nur auf Papier, sondern auch mündlich begegnet: in der lebendigen Überlieferung der Liturgie, der Mission und der Katechese. Die Sprache des Matthäus hat nicht nur die Sprache der Kirche aller Zeiten am stärksten beeinflusst; sie ist auch von der Sprache der Kirche seiner Zeit beeinflusst. Seine Version des Vaterunsers ist diejenige, die bis heute in der Kirche nachgebetet wird (mit kleinen Modifikationen); aber er wird die gegenüber Lukas (Lk 11,1–4) etwas längere Form nicht freihändig gestaltet, sondern aus der Liturgie seiner Kirche übernommen haben.

Linien

Matthäus hat in seinem Evangelium starke theologische Linien gezogen, nicht gegen die Traditionen, in denen er steht, sondern mit ihnen, aber nicht als bloßer Kopist, sondern als Autor eines neuen Originals. Drei dieser Linien seien nachgezogen.

Erstens: Jesus Christus erfüllt die Verheißungen Israels.

Matthäus zeigt Jesus als »Sohn Abrahams und Sohn Davids« (Mt 1,1), der »alle Gerechtigkeit erfüllt« (Mt 3,15): Er ist »Jesus«, der »sein Volk von den Sünden rettet« (Mt 1,21); er ist der »Immanuel«, der »Gott mit uns« (Mt 1,23; vgl. Jes 7,14), der sich allen zusagt, die in seinem Namen versammelt sind (Mt 18,20), und der die nachösterlich-universale Mission durch die Verheißung seines Beistands trägt (Mt 28,16–20).

Zweitens: Jesus verbindet Israel und die Kirche.

Matthäus weiß Jesu Wirken auf Israel konzentriert (Mt 15,24; vgl. 10,5 f.). Darin sieht er nicht nur eine historische Erinnerung, sondern einen programmatischen Ausweis der Verheißungstreue Gottes. Zu dieser Gerechtigkeit Gottes gehört aber auch, dass er durch Jesus den Segen für alle Völker spendet, den er Abraham durch seinen Nachkommen verheißen hat. Der Konflikt Jesu mit den Pharisäern, den Matthäus zuspitzt, erklärt sich auch aus der Zeitgeschichte; denn das Judentum konsolidiert sich nach der Tempelzerstörung unter der Ägide gemäßigter Pharisäer, indem es die Gesetzestreue einschärft und die Institution der Synagogen ausbaut. Matthäus will das Christentum dagegen profilieren, indem er die Erfüllung des Gesetzes an der Praxis Jesu misst.

Drittens: Jesus bringt die Gerechtigkeit Gottes.

Die Bergpredigt ist die Magna Charta christlicher Jüngerschaft. Mt 5,17–20 zeigt als Vorspann zu den Antithesen, dass Jesus das Gesetz, den Ausweis des Willens Gottes, erfüllt, indem er in kritischer Auseinandersetzung mit dem, was »(zu den Alten) gesagt worden ist« (Mt 5,21.27.31.33.38.43), freilegt, worin er im Grunde besteht: im Liebesgebot (Mt 5,43–48; vgl. 7,12; 22,40). Wer dem folgt, lebt die »überfließend größere Gerechtigkeit«, die sich von derjenigen der Pharisäer und Schriftgelehrten qualitativ dadurch unterscheidet, dass sie von der Dynamik der nahekommenden Gottesherrschaft her verstanden wird (Mt 5,20).

Gliederung des Evangeliums

I. Das Werden des Messias Jesus (1,1–4,11)
   1. Der Stammbaum (1,1–17)
   2. Die »Kindheitsgeschichte« (1,18–2,23)

3. Die Vorbereitung des Wirkens Jesu durch den Täufer (3,1–12)
4. Die Taufe Jesu (3,13–17)
5. Die Versuchung Jesu (4,1–11)

II. Jesu messianische Worte und Taten (4,12–10,42)
1. Die Anfänge des Wirkens Jesu in Galiläa (4,12–25)
2. Die Bergpredigt: Jesu Rede über die Gerechtigkeit (5–7)
   1. Rede Jesu
3. Zehn Wunder Jesu (8–9)
4. Die Aussendungsrede Jesu (10)
   2. Rede Jesu

III. Das Wirken des Messias Jesus im Widerstreit der Meinungen
1. Jesus und der Täufer (11)
2. Der Widerstand der Pharisäer und Schriftgelehrten gegen Jesus (12)
3. Jesu Gleichnisrede über die Gottesherrschaft (13,1–53)
   3. Rede Jesu
4. Die galiläische Krise (13,54–14,12)
5. Die Hinwendung Jesu zum heidnischen Land (14,13–16,12)

IV. Leidensansagen und Jüngerunterweisungen (16–20)
1. Das Petrus-Bekenntnis (16,13–20)

2. Der Kreis um die 1. Leidensansage (16,21–17,21)
3. Der Kreis um die 2. Leidensansage (17,22–20,16)
   - Die Rede von der Bruderschaft (18)
     4. Rede Jesu
   - Probleme des Gemeindelebens: Ehe – Kinder – Reichtum (19)
   - Das Gleichnis von den Arbeitern im Weinberg (20,1–16)
4. Der Kreis um die 3. Leidensansage (20,17–34)
   - Die Notwendigkeit des gegenseitigen Dienens (20,20–28)
   - Die Heilung von zwei Blinden bei Jericho (20,24–34)

V. Die Vorbereitung auf die Passion in Jerusalem (21–25)

1. Der Einzug in Jerusalem (21,1–11)
2. Tempelreinigung und Feigenbaumverfluchung (21,12–22)
3. Die letzten Streitgespräche Jesu mit seinen Gegnern (21,23–22,30)
4. Weherede gegen die Pharisäer und Schriftgelehrten (23)
   5. Rede Jesu
5. Rede Jesu über die Endzeit und das Weltgericht (24–25)

VI. Passion und Auferstehung Jesu

1. Die Passionsgeschichte (26–27)
2. Die Auferstehungsbotschaft im leeren Grab (28,1–8)
3. Erscheinung und Missionsbefehl des Auferstandenen (28,9–20)

1 Mt 1,1–7a.15–17: Die Abstammung Jesu

*1,1 Stammbaum Jesu Christi, des Sohnes Davids,
des Sohnes Abrahams: 2 Abraham zeugte
Isaak, Isaak zeugte Jakob, Jakob zeugte Juda
und seine Brüder, 3 Juda zeugte Perez und Ser-
ach mit Tamar, Perez zeugte Hezron, Hezron
zeugte Aram, 4 Aram zeugte Amminadab, Am-
minadab zeugte Nachschon, Nachschon zeugte
Salmon, 5 Salmon zeugte Boas mit Rahab, Boas
zeugte Obed mit Rut, Obed zeugte Isai, 6 Isai
zeugte König David. David zeugte Salomo mit
der Frau Urijas, 7 Salomo zeugte Rehabeam. …
15 Eliud zeugte Eleasar, Eleasar zeugte Mattan,
Mattan zeugte Jakob, 16 Jakob zeugte Josef, den
Mann Marias, von der Jesus geboren wurde, der
Christus genannt wird.*

*17 Von Abraham bis David sind es also vier-
zehn Geschlechter, von David bis zur Wegfüh-
rung nach Babylon sind es vierzehn Ge-
schlechter und von der Wegführung nach
Babylon bis zu Christus vierzehn Geschlechter.*

Im ersten Satz des Matthäusevangeliums wird Jesus dreifach vorgestellt:

Erstens: Er ist der Christus, der Messias. Das ist das Grundbekenntnis aller Christen.

Auf Deutsch: Er ist der Gesalbte. Nach der Bibel Israels: Er ist der verheißene Retter Israels, der – sei es als König, als Priester oder Prophet – das Reich Gottes verwirklicht.

Zweitens: Er ist der Sohn Davids – nach der Verheißung Nathans (2 Sam 7), dass der König von Israel einen Sohn haben wird, der auf ewig regiert.

Drittens: Er ist der Sohn Abrahams – wie jeder Jude und nach jüdischer Theologie auch wie jeder Heide, der dem Ruf Gottes folgt.

Alle drei Bestimmungen gehören zusammen: Jesus ist der Christus als Sohn Davids, weil er die Verheißungen für Israel erfüllt; er ist es als Sohn Abrahams, weil er allen Völkern Segen bringt.

Jesus verwirklicht den universalen Heilswillen Gottes gerade dadurch, dass er sich als Jude ganz in den Dienst an den »verlorenen Schafen des Hauses Israel« (Mt 15,24) stellt; und dieser Dienst ist so radikal, dass er an den Grenzen Israels nicht aufhören kann, sondern über sie hinausdrängt. Die ganze Spannung des Matthäusevangeliums zwischen der Treue Gottes zu seinem Volk und der Rettung aller Völker ist im ersten Satz des Evangeliums aufgebaut und zugleich gelöst; denn für den Evangelisten ist es Jesus von Nazaret, der nach Gottes Willen die Heilsgeschichte zusammenhält und für das Reich der Himmel öffnet.

Abraham und David sind bis hin zu Jesus durch einen Stammbaum verbunden, in dem, so das Weltbild der Antike, die männliche Zeugungskraft dominiert. Allerdings werden – vor Maria – vier Frauen genannt: Tamar (Mt 1,3; vgl. Gen 38), Rahab (Mt 1,5; vgl. Jos 2.6), Rut (Mt 1,5; vgl. Rut) und die Frau des Urija (Mt 1,6; vgl. 2 Sam 11–12). Rut und Rahab sind Nichtjüdinnen, die Frau des Urija gilt als Hethiterin, Tamar als Kanaanäerin. Damit könnten die vier alttestamentlichen Frauen das Signal setzen, dass die jüdische Genealogie sich in einem weltweiten Horizont vollzieht. Alle Frauen haben Großes für Israel vollbracht. Das gilt besonders für Maria.

Der Stammbaum zeichnet die Geschichte Israels in einem heiligen Rhythmus von drei mal vierzehn (zwei mal sieben) Generationen nach. Das genealogische Prinzip passt zur Geschichtlichkeit des Handelns Gottes. Mit David und dem babylonischen Exil werden ein Höhepunkt und ein Tiefpunkt markiert.

Aber den Messias bringt keine Genealogie hervor. Deshalb ist an der entscheidenden Stelle das Zeugungsschema durchbrochen. Es heißt nicht: Josef zeugte Jesus. Vielmehr wird Maria wichtig, die Mutter Jesu. Wie, das erzählt das matthäische Weihnachtsevangelium.

2 Mt 1,18–25: Die Geburt des Gottessohnes

1,18*Mit der Geburt Jesu Christi verhielt es sich so:
Als seine Mutter Maria mit Josef verlobt war, fand
es sich, noch bevor sie miteinander lebten, dass
sie schwanger war vom Heiligen Geist.* 19*Da aber
Josef, ihr Mann, gerecht war und sie nicht bloß-
stellen wollte, gedachte er, sie im Stillen zu ent-
lassen.* 20*Während er noch darüber nachdachte,
erschien ihm ein Engel des Herrn im Traum und
sprach zu ihm: Josef, Sohn Davids, scheu dich
nicht, Maria, deine Frau, zu dir zu nehmen, denn
was sie empfangen hat, ist vom Heiligen Geist.*
21*Sie wird einen Sohn gebären, ihm sollst du den
Namen Jesus geben; denn er wird sein Volk von
seinen Sünden erlösen.* 22*Dies alles ist gesche-
hen, damit das Wort des Herrn in Erfüllung geht,
das er durch den Propheten gesprochen hat:*

23*Seht, die Jungfrau wird schwanger werden und einen Sohn gebären, und man wird ihm den Namen Immanuel geben, das heißt übersetzt: Gott mit uns.*

24*Als nun Josef vom Schlaf erwachte, tat er,
wie der Engel des Herrn ihm aufgetragen hatte,
und nahm seine Frau zu sich.* 25*Er erkannte sie
aber nicht, bis sie einen Sohn geboren hatte.
Und er gab ihm den Namen Jesus.*

Maria ist als Jungfrau die Mutter des Gottessohnes. Matthäus kennt die alte Überlieferung aus dem Umkreis von Nazaret und Betlehem. Er erzählt sie – anders als Lukas – aus der Perspektive Josefs. Er, der Davidssohn, wird sich am Ende Marias annehmen und Jesus an Sohnes Statt annehmen. Der leibliche Vater ist er nicht. Ein Engel offenbart ihm, dass dieses Kind Marias, dem er den sprechenden Namen »Jesus« (»Gott hilft«) geben soll, »vom Heiligen Geist« ist – kein Wunder der Natur, sondern der Angelpunkt der Heilsgeschichte, an dem Gott eingreift, um seiner Verheißung willen.

Matthäus reflektiert diese Überlieferung mit Hilfe der Heiligen Schrift Israels, die er, wie die meisten Juden seiner Zeit, auf Griechisch liest. Dort ist beim Wort des Propheten Jesaja, anders als im hebräischen Urtext, von einer »Jungfrau« als der Mutter des Immanuel die Rede. Dieses Königskind ist schon im Rahmen des Alten Testaments immer stärker mit dem Messias verbunden worden. Das unterstreicht Matthäus. Josef soll dem Kind den Namen Jesus geben, weil er »sein Volk von seinen Sünden erlöst« und ihm so Gottes Hilfe bringt. Alle Gläubigen werden in diesem Jesus Gott erkennen – als denjenigen, der »mit« den Menschen ist, indem er ihnen sein Reich aufschließt.

Dass die Mutter des Messias »Jungfrau« ist, wie schon die jüdischen Bibelübersetzer sagen, ist kein Mythos, sondern Ausdruck einer tiefen theologischen Einsicht. Auf der männlichen Linie: Der davidische Stammbaum ist in den Katastrophen der Geschichte umgehauen; aber die Wurzel ist noch da und treibt ein Reis hervor (Jes 11). So auch auf der weiblichen Seite: Die Mutter des Messias ist Jungfrau, weil sich die Zeugung des Messias nicht der männlichen Potenz, sondern allein der Schöpferkraft Gottes verdankt. Diese jüdische Hoffnung hat Matthäus – ähnlich wie Lukas – für den Christusglauben fruchtbar gemacht.

Man kann es in die Moderne übersetzen: Die Evolution bringt keinen Messias hervor; wenn es einen Erlöser gibt, dann muss Gott selbst eingreifen und neue Fakten schaffen. Ob er es tut – das ist eine Frage des Glaubens.

Dieser Glaube überschreitet die Grenzen der Physik, sonst wäre er nicht Glaube. Aber er ist nicht deshalb irrational, weil er weiter geht als die Wissenschaft. Eine natürliche Erklärung für die Jungfräulichkeit Mariens gibt es so wenig wie für die Auferstehung Jesu und die Erlösung vom Bösen. Den Glauben an die Jungfrauengeburt der wissenschaftlichen Kritik auszusetzen, hilft, ihn von Mythos abzugrenzen. Aber die Wissenschaft würde selbst zum Mythos, wollte sie dem Glauben verbieten, Glaube zu sein.

3 Mt 2,1–12: Die Weisen aus dem Morgenland

*[2,1]Als nun Jesus geboren war, zu Betlehem im
Land Juda in den Tagen des Königs Herodes,
da kamen Magier aus dem Osten nach Jerusa-
lem [2]und fragten: Wo ist der neugeborene
König der Juden? Wir haben seinen Stern auf-
gehen sehen und sind gekommen, ihm zu hul-
digen. [3]Als König Herodes das hörte, erschrak
er und ganz Jerusalem mit ihm. [4]Er ließ alle
Hohepriester und Schriftgelehrten des Volkes
zusammenkommen und forschte sie aus, wo
der Messias geboren werden solle. [5]Sie ant-
worteten ihm: In Betlehem in Judäa. Denn so
steht beim Propheten geschrieben:*

*[6]Du, Betlehem im Land Juda, bist keines-
wegs die geringste unter den führenden Städ-
ten Judas; denn aus dir wird ein Herrscher her-
vorgehen, der mein Volk Israel weiden wird.*

*[7]Da rief Herodes die Magier heimlich zu sich
und horchte sie aus, wann ihnen der Stern er-
schienen war. [8]Dann schickte er sie nach Bet-
lehem und sagte: Geht und forscht sorgfältig
nach dem Kind; und sobald ihr es gefunden
habt, lasst es mich wissen, damit auch ich
komme und ihm huldige. [9]Nachdem sie den
König angehört hatten, brachen sie auf. Und*

der Stern, den sie hatten aufgehen sehen, zog vor ihnen her, bis er ankam und über dem Ort stehen blieb, wo das Kind war.
[10]Als sie den Stern erblickten, hatten sie eine überaus große Freude.
[11]Sie traten in das Haus ein und sahen das Kind mit Maria, seiner Mutter, fielen nieder und huldigten ihm. Dann öffneten sie ihre Schätze und brachten ihm Geschenke dar, Gold, Weihrauch und Myrrhe.
[12]Und da sie im Traum die Weisung empfingen, nicht zu Herodes zurückzukehren, zogen sie auf einem anderen Weg heim in ihr Land.

Die Ersten, die Jesus suchen und finden, sind nach dem Matthäusevangelium Heiden. Gleich zu Beginn wird der weltweite Horizont der Jesus-Geschichte geöffnet. Gleich zu Beginn werden auch Jerusalem und Betlehem als Mittelpunkt der Welt markiert. Beides gehört zusammen. Denn Gott, den Jesus verkündet, ist der eine Gott für alle Völker; aber er ist es als der Gott Israels. So wie die heidnischen Magier zu Beginn des Evangeliums hin nach Betlehem zu Jesus ziehen, so werden am Ende des Evangeliums die Jünger von Jerusalem und Galiläa aus in alle Welt ziehen, um alle Völker zu Jüngern zu machen.

Die Magier haben den Stern des Messias gesehen – wie einst der heidnische Prophet Bileam: »Ein Stern geht auf aus Jakob, und ein Zepter erhebt sich aus Israel« (Num 24,17).

Aber sie finden nicht direkt den Weg. In Jerusalem muss die Beobachtung der Natur durch das Studium der Heiligen Schrift ergänzt werden.

Die Schriftgelehrten, die von Herodes beauftragt werden, verstehen ihr Geschäft und stoßen auf die Prophetie des Micha (5,1 f.). Durch sie wird klar, nach wem die Weisen suchen: nach dem »Herrscher«, der als Hirte Gottes das Volk Gottes weiden wird; und klar wird auch, wohin die Weisen gehen müssen: nach Betlehem, in die Stadt Davids. Dort wird auch der Stern wieder leuchten.

Herodes führt bereits Schlimmes im Schilde. Aber zuerst finden die »Heiligen Drei Könige«, wie der Volksmund sie nennt, das Ziel. Der Evangelist formuliert genau: Sie sehen »das Kind mit seiner Mutter«; sie fallen nieder, wie man vor einem König niederfällt; und sie »beten ihn an« (die Übersetzung »huldigen« ist zu schwach), wie man Gott anbetet; denn dieser Jesus ist, was sein Name sagt: »Immanuel«, »Gott mit uns«. Ihre Geschenke sind königlich. Psalm 72 klingt an: »Könige von Tarschisch und von den Inseln bringen Geschenke, Könige von Saba und Seba kommen mit Gaben … Und sie weihen ihm Sabas Gold« (Ps 72,10.15). Gold glänzt, Myrrhe duftet, Weihrauch steigt zum Himmel empor. Die Geschenke der Weisen aus dem Morgenland spiegeln die Göttlichkeit des Jesuskindes.

4 Mt 3,1–3: Johannes der Täufer

[3,1]*In jenen Tagen trat Johannes der Täufer auf und predigte in der Wüste von Judäa:* [2]*Kehrt um, denn das Himmelreich ist nahe.* [3]*Dieser nämlich ist es, von dem durch den Propheten Jesaja gesagt worden ist:*

Eine Stimme ruft in der Wüste:
Bereitet den Weg des Herrn!
Macht seine Straßen eben!

Jesus steht nicht allein. Er hat Personen, die ihn umgeben. Die wichtigste Gestalt ist der Täufer Johannes. Er gilt im Neuen Testament als Jesu Vorläufer und Wegbereiter. Er ist ein Prophet, der dem Gottesvolk ins Gewissen redet. Er verkündet die Nähe der Gottesherrschaft, wie Jesus sie verkündet. Er ruft zur Umkehr, wie Jesus zur Umkehr rufen wird.

Diese Umkehr besteht nach Johannes darin, die Gerechtigkeit Gottes anzuerkennen, der Gericht halten wird. Matthäus hat harte Gerichtsworte des Täufers aus der Redenquelle übernommen. Sie zeigen, dass Johannes eine radikale Entscheidung hier und jetzt anmahnt, solange es noch Zeit ist. Er steht in der Wüste am Jordan, weil die Israeliten aus ihrem bisherigen Leben herausmüssen. Die Landnahme müssen sie rückgängig machen. Sie müssen noch einmal neu anfangen – aber sie können es auch, wenn sie ihre Sünden bekennen und sich taufen lassen. Sie werden dann Vergebung erlangen und im Endgericht gerettet werden (Mt 3,7–10).

Die Umkehr besteht nach Matthäus aber auch darin, dass sich die Israeliten auf das Kommen des Messias vorbereiten, des Retters Israels, der den Weg Gottes geht. Er ist der »Stärkere«, der nicht mit Wasser taufen, sondern die Menschen einer Feuertaufe unterziehen wird, weil er sie in unmittelbaren Kontakt mit Gott bringt und mit dem Heiligen Geist (Mt 3,11 f.).

5 Mt 3,13–17: Die Taufe Jesu

*[3,13]Da kam Jesus von Galiläa zu Johannes
an den Jordan, um sich von ihm taufen zu las-
sen. [14]Johannes aber wollte ihn daran hindern
und sagte: Ich habe nötig, von dir getauft zu
werden, und du kommst zu mir? [15]Doch Jesus
antwortete ihm: Lass es jetzt zu; denn so ge-
bührt es uns, alle Gerechtigkeit zu erfüllen. Da
ließ er ihn zu.*

*[16]Als aber Jesus getauft war, stieg er so-
gleich aus dem Wasser. Da öffnete sich der
Himmel und er sah den Geist Gottes wie eine
Taube herabschweben und auf sich kommen.
[17]Und eine Stimme aus dem Himmel sprach:*

Dies ist mein geliebter Sohn, an dem ich Gefallen gefunden habe.

Jesus lässt sich taufen, weil Johannes die Israeliten zur Taufe ruft. Er gibt der Gerichtspredigt und der Umkehrforderung des Täufers Recht – nicht theoretisch, sondern praktisch. Er geht an den Brennpunkt der Geschichte Israels, um dort – mit den Israeliten und für sie – im Wasser des Jordan den Tod der Sünder zu sterben und aus dem Wasser der Taufe das neue Leben der Gottesherrschaft zu beginnen. Dass er selbst für einen Sünder gehalten wird, kümmert ihn nicht. Er identifiziert sich mit denen, die an ihrer Schuld ersticken, um ihnen Luft zum Atmen zu geben. Anders als Markus schildert Matthäus einen Dialog zwischen dem Täufer und Jesus. Das Gespräch kreist um einen Rollentausch. Der taufen sollte, lässt sich taufen; und der getauft werden müsste, tauft.

Das ist der Rollentausch, der Jesu ganzes Leben ausmacht. Er ist der Heilige, der das Leben und den Tod der Sünder teilt; er ist der Messias, der über den Jordan geht; er ist der Stärkere, der die Schwäche am eigenen Leibe spürt; er ist der Gerechte, dem die Ungerechtigkeit unendlich nahegeht.

Jesus und der Täufer verwirklichen die Gerechtigkeit Gottes, beide zusammen und jeder auf seine Weise: Johannes, indem er Jesus tauft und ihn seinen messianischen Lebensweg ziehen lässt; Jesus, indem er sich taufen lässt und damit schon, wie Joseph Ratzinger in seinem Buch »Jesus von Nazareth« ausgeführt hat, den Tod vorwegnimmt, den er für die Israeliten und alle Menschen auf sich nimmt, aber auch seine Auferstehung, die den Tod überwindet.

Als er aus dem Wasser steigt, offenbart ihn Gott mit seinem Wort und durch den Heiligen Geist. Er ist sein Sohn, sein einziger; ihm gilt seine ganze Liebe; an ihm hat er Gefallen gefunden. Der erste Teil des Himmelswortes macht die Hoffnung Israels auf den starken

Messias wahr: den König, den Gott nach Psalm 2 als seinen Sohn annimmt: »›Ich selber habe meinen König bestellt auf Zion, meinem heiligen Berg‹. Den Beschluss des Herrn will ich künden: Der Herr sprach zu mir: ›Mein Sohn bist du, ich habe dich heute gezeugt.‹« Der zweite Teil des Himmelswortes ruft den schwachen Messias der Prophetie Israels in Erinnerung: den Gottesknecht, der den Völkern durch sein Wort das Recht bringen wird (Jes 42), auch wenn es ihn das Leben kostet (Jes 53): »Seht, mein Knecht, den ich stütze, mein Erwählter, an dem ich mein Wohlgefallen habe« (Jes 42,1).

Beides gehört zusammen; denn Jesus verwirklicht das Königreich Gottes auf dem Weg der Gewaltlosigkeit, am Ende durch sein Leiden und Sterben; und Gott spielt seine ganze Stärke gerade durch diese Schwachheit aus, da er die Menschen nicht zu ihrem Glück zwingt, sondern ihnen die Freiheit schenkt.

Es gibt ein einziges Himmelswort über dem Jordan, das nicht durch die beiden Bezugsworte vorgegeben ist. Es ist das Wort »Liebe«. Aber auch dieses Wort ist tief in der Bibel Israels verankert. Manche denken an die dunkle Geschichte von der Bindung Isaaks in Gen 22, die zur Passion und zum Opfertod Jesu, aber auch zur Rettung Jesu aus dem Tode passen würde. Doch noch deutlicher ist die Verbindung zu der Liebe, die Israel, Gottes Kind, durch Gott erfährt. »Liebe« ist der Schlüssel zur Geschichte Gottes mit seinem Volk und zur Geschichte Jesu mit den Menschen.

Der Geist, der auf Jesus kommt wie eine Taube, der Vogel göttlicher Liebe und Weisheit, bringt beides zusammen und verleiht dem Menschen Jesus die Kraft Gottes, die aus der Liebe kommt.

6 Mt 4,1–11: Die Versuchung Jesu

4,1Danach wurde Jesus vom Geist in die Wüste
geführt, um vom Teufel versucht zu werden.
2Nachdem er vierzig Tage und vierzig Nächte
gefastet hatte, bekam er Hunger. 3Da trat der
Versucher an ihn heran und sagte: Wenn du
Gottes Sohn bist, so befiehl, dass diese Steine
Brot werden. 4Er antwortete: Es steht ge-
schrieben:

Nicht vom Brot allein lebt der Mensch, sondern von jedem Wort, das aus dem Mund Gottes kommt.

5Darauf nahm ihn der Teufel mit in die Hei-
lige Stadt, stellte ihn auf die Zinne des Tempels
6und sagte zu ihm: Wenn du Gottes Sohn bist,
so stürze dich hinab. Denn es steht geschrie-
ben:

Seinen Engeln wird er deinetwegen Befehl geben und sie werden dich auf Händen tragen, damit dein Fuß nicht an einen Stein stößt.

7Jesus antwortete ihm: Es steht auch ge-
schrieben:

Du sollst den Herrn, deinen Gott, nicht versuchen.

8Wieder nahm ihn der Teufel mit auf einen
sehr hohen Berg; er zeigte ihm alle Reiche der

Welt und ihre Herrlichkeit [9]*und sagte zu ihm: Das alles will ich dir geben, wenn du niederfällst und mich anbetest.* [10]*Da sagte Jesus zu ihm: Hinweg, Satan! Denn es steht geschrieben:*

Den Herrn, deinen Gott, sollst du anbeten und ihm allein dienen.

[11]*Da verließ ihn der Teufel und Engel traten hinzu und dienten ihm.*

Im Hebräerbrief steht: »Wir haben nicht einen Hohepriester, der mit unseren Schwachheiten nicht mitfühlen könnte, sondern einen, der in allem gleichermaßen versucht worden ist, aber nicht gesündigt hat« (Hebr 4,15). Dass der Gottessohn wahrer Mensch ist und dass er ohne diese Menschlichkeit den Menschen in ihrer Schwäche nicht nahe sein und deshalb ihnen nicht helfen könnte – das ist ein zutiefst jesuanischer Gedanke, der auf die höchsten Gipfel der Christologie führt.

Ähnlich im Matthäusevangelium. Bevor Jesus mit seinem öffentlichen Wirken beginnt, wird er in Versuchung geführt. Aber er besteht sie; er wird nicht zum Sünder, sondern besiegt die Sünde. Die Geschichte sprengt die Dimensionen von Raum und Zeit. Der Teufel tritt auf, nicht als »Person«, sondern als »Unperson« (Joseph Ratzinger), als Zerstörer (Leszek Kolakowski) und Nihilist. Er gibt sich den Anschein der Frömmigkeit, indem er Jesus bei seiner Gottessohnschaft anspricht und einmal sogar als Schriftgelehrter auftritt, der die Bibel Israels zitiert. Bei ihm ist das reine Show. Anders bei Jesus. Dreifach versucht, antwortet er dreimal mit Worten aus Deuteronomium, dem fünften Buch Mose. Dass er »alle Gerechtigkeit erfüllt« (Mt 3,15), könnte deutlicher nicht gezeigt werden. Er ist ein Prophet wie Mose, den die Tora verheißt (Dtn 18,15).

Die Versuchung, in die Jesus geführt wird, ist echt. So ist auch das Bestehen der Versuchung echt und eine gute Nachricht für alle Menschen, die in Versuchung geführt werden. Hätte Jesus ihr nachgegeben, wäre die Welt zum Teufel gegangen; weil er sie bestanden hat, bleibt der Himmel über ihr offen, den Gott über dem Jordan aufgerissen hat.

Jesus wird als Gottessohn in Versuchung geführt: Er soll seinen Hunger stillen; er soll sein Leben wegwerfen, weil Gott ihn schon auffangen werde; er soll die Weltherrschaft anstreben. Eine Versuchung können die perfiden Vorschläge Satans nur sein, weil Jesus als Sohn Gottes all dies könnte: Er könnte Brot aus Steinen machen; er könnte sich von der Zinne des Tempels stürzen; er könnte alle Weltreiche erobern. Der Großinquisitor in Fjodor Dostojewskis »Brüder Karamasow« wirft Jesus vor, dass er die Chance vertan habe, die in dieser Möglichkeit steckt.

Es ist die Gottessohnschaft, die für den Menschen Jesus zur Versuchung wird; es ist die Menschlichkeit des Gottessohnes, die das Drama der Versuchung heraufbeschwört. Aber es ist Jesus, der Mensch und Gott verbindet, weil er sich an das Wort Gottes in der Heiligen Schrift hält: Er lebt »nicht vom Brot allein, sondern von jedem Wort, das aus Gottes Mund kommt« (Dtn 8,3); er fordert Gott nicht heraus (Dtn 6,16); er will »Gott allein dienen« (Dtn 6,13).

7 Mt 4,12–22: Die Verkündigung der Gottesherrschaft

4,12 *Als Jesus hörte, dass man Johannes ins Ge-*
fängnis geworfen hatte, zog er sich nach Gali-
läa zurück. 13 *Er verließ Nazaret und kam nach*
Kafarnaum, das am See liegt, im Gebiet von Se-
bulon und Naftali, und nahm dort Wohnung.
14 *So erfüllte sich das Wort des Propheten Je-*
saja:
Das Land Sebulon und das Land Naftali,
15 *das Land am Meer, das Land jenseits des Jor-*
dans, das heidnische Galiläa: 16 *das Volk, das*
im Finstern saß, sah ein großes Licht; über
denen, die im Land und Schatten des Todes
saßen, ist ein Licht aufgegangen.
17 *Von da an begann Jesus zu verkündigen:*
Kehrt um! Denn das Himmelreich ist nahe.
18 *Als er am See von Galiläa entlangwan-*
derte, sah er zwei Brüder: Simon, der Petrus
genannt wird, und seinen Bruder Andreas. Sie
warfen ein Netz in den See, denn sie waren Fi-
scher. 19 *Da sagte er zu ihnen: Kommt, folgt mir*
nach. Ich will euch zu Menschenfischern ma-
chen. 20 *Sofort verließen sie ihre Netze und folg-*
ten ihm.

[21] *Als er weiterging, sah er zwei andere Brüder: Jakobus, den Sohn des Zebedäus, und seinen Bruder Johannes: Sie waren mit ihrem Vater Zebedäus im Boot und besserten ihre Netze aus. Er rief sie,* [22] *und sofort verließen sie das Boot und ihren Vater und folgten ihm.*

Von den aufgeklärten Kritikern der Kirche ist Jesus schon in der Antike vorgeworfen worden, nicht an die großen Schauplätze der Weltgeschichte gezogen zu sein und nicht vor Kaiser und Könige, vor Philosophen und Priester seine Botschaft getragen zu haben, sondern irgendwo in der Provinz aufgetreten zu sein. Dass der Messias nicht aus Galiläa, gar aus Nazaret kommen könne, ist ein Einwand, den schon das Neue Testament zitiert (Joh 7,52; vgl. 1,46).

Matthäus aber erkennt die theologische Bedeutung der Verkündigung Jesu in Galiläa. Er reflektiert sie mit Hilfe eines Jesajawortes, das die Liturgie der Kirche mit Weihnachten verbindet, der Evangelist jedoch mit dem Beginn des öffentlichen Wirkens Jesu. Wo das »Volk« lebt, »das im Finstern wohnt«, wird im Jesajabuch beschrieben: in der Gegend um den See Gennesaret, im Gebiet der Stämme Sebulon und Naftali. Eine Ortsangabe wird den Evangelisten elektrisiert haben: »Galiläa der Heiden«. Das spiegelt die Geschichte Galiläas wider, das gerade einmal hundert Jahre zuvor wieder jüdisch geworden ist; es entspricht auch der Bevölkerungsstruktur, weil es nach wie vor viele Heiden gibt, die in Israels Norden leben; es markiert für Matthäus vor allem, dass Jesu Wirken in Galiläa ein Sprungbrett für die Völkermission ist.

Das »Licht«, das über denen aufstrahlt, »die im Land und Schatten des Todes saßen«, ist das Evangelium, das Jesus verkündet – und er selbst, der für das Wort Gottes eintritt.

Die Ersten, die seinem Umkehrruf folgen, sind Simon und Andreas, Jakobus und Johannes: Fischer am See Gennesaret, die Jesus zu Menschenfischern macht.

»Kommt zu mir«, ist das Wort, das sie in die Gemeinschaft mit dem Messias bringt. »Geht und macht alle Völker zu Jüngern« ist das Wort, das sie von Galiläa aus zur Mission unter den Völkern führt. Der Sendung geht die Sammlung voraus; die Sammlung führt zur Sendung.

8 Mt 5,1–12: Die Seligpreisungen

5,1 *Als er aber die Volksscharen sah, stieg er auf
den Berg, und als er sich gesetzt hatte, traten
seine Jünger zu ihm.* 2 *Und er öffnete seinen
Mund und lehrte sie. Er sagte:*

3 *Selig die Armen im Geist; denn ihnen gehört das Himmelreich.*

4 *Selig die Trauernden; denn sie werden getröstet werden.*

5 *Selig die Sanftmütigen; denn sie werden das Land erben.*

6 *Selig, die hungern und dürsten nach der Gerechtigkeit; denn sie werden satt werden.*

7 *Selig die Barmherzigen; denn sie werden Barmherzigkeit erlangen.*

8 *Selig, die reinen Herzens sind; denn sie werden Gott schauen.*

9 *Selig die Friedensstifter; denn sie werden Söhne Gottes heißen.*

10 *Selig, die verfolgt werden um der Gerechtigkeit willen; denn ihnen gehört das Himmelreich.*

11 *Selig seid ihr, wenn sie euch um meinetwillen schmähen und verfolgen und euch alles
Böse lügnerisch nachsagen.* 12 *Freut euch und
jubelt; denn euer Lohn ist groß im Himmel.
Denn ebenso haben sie auch die Propheten vor
euch verfolgt.*

Jesus richtet die Bergpredigt an seine Jünger, die sich zur Nachfolge bereiterklärt haben. Aber er redet zu ihnen so, dass die Volksscharen, die am Fuß des Berges bleiben, hören können, was er seinen Jüngern sagt. Die Bergpredigt mit den Seligpreisungen und dem Vaterunser ist keine Allerweltsrede, die Jesus sozusagen aus dem Fenster heraus hält. Was sie über Gott und den Menschen sagt, ist so wichtig und kostbar, dass Jesus seine Worte denen ans Herz legt, die schon begonnen haben, ihm zu vertrauen. Aber er schottet sich mit seinen Jüngern nicht von seiner Umgebung ab, sondern lässt auch andere hören, was er ihnen anvertraut: so dass die aufmerksam und neugierig werden können und sich vielleicht zu fragen beginnen, ob sie nicht selbst in den Kreis seiner Jünger eintreten wollen.

Jesus beginnt die Bergpredigt nicht mit Forderungen, sondern mit Zusagen. So wie ja seiner Verkündigung zufolge auch Gott nicht erst wartet, bis die Menschen zur Besinnung kommen, bevor er sich entscheidet, etwas zu ihren Gunsten zu tun, sondern von sich aus die Initiative ergreift, um sie zur Besinnung zu bringen.

Neunmal sagt Jesus »selig«. Er meint das Glück, von Gott und von den Menschen geliebt zu sein, aber auch das Glück, lieben zu können: Gott, den Nächsten und sich selbst.

Es ist ein himmlisches Glück, das schon auf Erden strahlt, wenn auch in tiefer Dunkelheit.

Jesus nimmt nicht neun verschiedene Gruppen in den Blick, sondern aus unterschiedlichen Blickwinkeln immer dieselben: die sich auf den Weg des Glaubens machen und sich darin an Jesus orientieren, der die Seligpreisungen lebt, bevor er sie verkündet. Er verheißt den Segen, das Glück, das Heil der kommenden Gottesherrschaft, die sich in Zukunft vollendet; und denen, die er seligpreist, sagt er zu, dass sich jetzt schon ihr Leben ändert, weil ihnen die Zukunft gehört, die Gott ihnen bereitet.

Die Seligpreisungen bauen Kontraste auf: zwischen arm und reich, traurig und freudig, hungrig und satt. Was jetzt schlecht ist, macht Gott wieder gut. Die Seligpreisungen stellen aber auch Zusammenhänge her: Wer hier und jetzt barmherzig ist und ein reines Herz hat und Frieden stiftet, wird das nie bereuen, sondern im Übermaß göttlichen Lohn erhalten. Und wer um der Gerechtigkeit willen verfolgt wird, braucht nicht zu befürchten, sie auf immer und ewig entbehren zu müssen; sondern wird sie in Vollendung genießen können. So werden die Hungernden gesättigt und die Trauernden getröstet und die Armen reich gemacht.

9 Mt 5,13–16: Das Salz der Erde

5,13 *Ihr seid das Salz der Erde. Wenn aber das*
Salz fade geworden ist, womit soll man es sal-
zen? Es taugt zu nichts mehr, als dass es hi-
nausgeworfen und von den Leuten zertreten
wird.
14 *Ihr seid das Licht der Welt. Eine Stadt, die*
auf dem Berg liegt, kann nicht verborgen blei-
ben. 15 *Auch zündet man nicht ein Licht an und*
stellt es unter den Scheffel, sondern (man stellt
es) auf den Leuchter; dann leuchtet es allen,
die im Haus sind. 16 *So soll euer Licht vor den*
Menschen leuchten, damit sie eure guten
Werke sehen und euren Vater im Himmel prei-
sen.

Jesus fängt mit einer kleinen Schar von Menschen an, die er zur Jüngerschaft ruft. Auch zur Zeit des Evangelisten ist die Kirche noch eine verschwindend kleine Minderheit im Vielvölkerstaat des Römischen Reichs, von den damals unbekannten Kontinenten ganz zu schweigen.

Aber Jesus setzt darauf, dass die wenigen, die jetzt schon auf seine Botschaft bauen, die Welt verändern: wie eine Prise Salz das ganze Essen würzt und eine kleine Kerze einen großen dunklen Raum erleuchten kann.

Dann aber müssen die Jünger auch das Licht des Evangeliums leuchten lassen und das Salz des göttlichen Wortes in sich haben. Jesus hat ihnen ein Licht aufgehen lassen; er hat ihrem Leben Würze gegeben. Sie dürfen nur eines nicht tun: ihr Licht unter den Scheffel stellen und ihr Salz fad werden lassen. Selbstbewusstsein tut den Jüngern gut – und denen, die von ihnen das Evangelium hören.

Jesus ermuntert die Jünger, sich auf ihre Stärken zu besinnen. Er setzt auf ihre Ausstrahlungskraft. Sie werden andere Menschen dazu bringen, »den Vater im Himmel zu preisen«.

Das Medium sind ihre guten Werke: das, was sie anderen Gutes tun. Diese guten Werke sind nicht selbst das Licht. Es sind ja auch keineswegs nur Christen, die gute Werke tun. Aber im Licht des Evangeliums beginnen die guten Werke zu leuchten. Sie sind die Wellen, auf denen das Licht seine Strahlkraft entfaltet. Das Licht selbst kann man nicht sehen; das Licht macht sichtbar. So beginnt Jesu Bild zu leuchten. Was gute Werke sind, wissen alle Menschen guten Willens, nicht nur die Glaubenden. Wer gute Werke tut, macht auf sich aufmerksam – gerade wenn er nichts herausposaunt. Wer bei den Jüngern nachfragt, weshalb sie anderen Gutes tun, stößt auf ihren Glauben und dadurch auf den, an den sie glauben. Was alle

Menschen guten Willens tun, zeigt an, was wahre Menschlichkeit ist – und das Evangelium lässt sie im vollen Farbenspektrum leuchten, weil es Gott ins Spiel bringt.

10 Mt 5,17–20: Die volle Gerechtigkeit

5,17 *Denkt nicht, ich sei gekommen, um das Ge-*
setz oder die Propheten aufzuheben. Ich bin
nicht gekommen, um aufzuheben, sondern um
zu erfüllen. 18 *Amen, ich sage euch: Bis Himmel*
und Erde vergehen, wird nicht ein Jota oder
Häkchen vom Gesetz vergehen, bevor nicht
alles geschehen ist. 19 *Wer also eines dieser ge-*
ringsten Gebote aufhebt und die Menschen
entsprechend lehrt, wird der Geringste im Him-
melreich sein. Wer sie aber hält und lehrt, der
wird groß sein im Himmelreich.
20 *Denn ich sage euch: Wenn eure Gerech-*
tigkeit nicht weit größer ist als die der Schrift-
gelehrten und Pharisäer, so werdet ihr nicht ins
Himmelreich kommen.

Oft kann man lesen, Jesus habe das Gesetz überwunden. Die Bergpredigt sagt das Gegenteil. Jesus stellt sich auf die Seite des Gesetzes wie der Propheten. Er tut sie nicht ab, sondern stellt sie in ihrer Bedeutung heraus. Kein Jota und kein Häkchen, die kleinsten Buchstaben des hebräischen und aramäischen Alphabets, dürfen verändert werden – wie ja auch die Christen nicht etwa ihre eigene Bibel zusammengestellt, sondern die Heilige Schrift Israels komplett, ohne Auslassungen und Hinzufügungen, als Altes Testament ihrer Bibel übernommen haben: weil sie wussten, wie wichtig es für Jesus ist.

Aber die Bergpredigt verschweigt nicht, dass es Konflikte um das Gesetz gibt: wie es verstanden werden kann und ausgelegt werden soll.

Bei diesen Auseinandersetzungen geht es um die Gerechtigkeit. »Weit vollkommener« kann die Gerechtigkeit der Jünger Jesu gegenüber derjenigen der Schriftgelehrten und Pharisäer nicht dadurch sein, dass sie noch konsequenter dem Buchstaben des Gesetzes folgen. Die Vollkommenheit der Gerechtigkeit der Jünger Jesu ist die der kommenden Gottesherrschaft. Von ihr her zeigt sich neu, was das Gesetz eigentlich will und welchen Stellenwert es hat. Beides definiert Jesus, der Lehrer der Bergpredigt.

11 Mt 5,38–48: Die Feindesliebe

*5,38 Ihr habt gehört, dass gesagt worden ist:
Auge um Auge und Zahn um Zahn. 39 Ich aber
sage euch: Widersteht dem, der euch Böses
tut, nicht, sondern wer dich auf die rechte
Wange schlägt, dem halte auch die andere hin.
40 Und dem, der dich vor Gericht bringen und
deinen Rock nehmen will, dem lass auch den
Mantel. 41 Und wer dich nötigt, eine Meile mit-
zugehen, mit dem geh zwei. 42 Dem, der dich
bittet, gib, und wer von dir borgen will, den
weise nicht ab.*

*43 Ihr habt gehört, dass gesagt worden ist:
Du sollst deinen Nächsten lieben und deinen
Feind hassen. 44 Ich aber sage euch: Liebt eure
Feinde und betet für die, die euch verfolgen,
45 damit ihr Söhne eures Vaters im Himmel wer-
det; denn er lässt seine Sonne aufgehen über
Böse und Gute und er lässt regnen über Ge-
rechte und Ungerechte. 46 Wenn ihr nämlich
nur die liebt, die euch lieben, welchen Lohn
habt ihr dafür? Machen nicht auch die Zöllner
dasselbe? 47 Und wenn ihr nur eure Brüder
grüßt, was tut ihr da Besonderes? Tun das
nicht auch die Heiden? 48 Seid also vollkom-
men, wie euer himmlischer Vater vollkommen
ist.*

Gewaltverzicht und Feindesliebe sind das Kennzeichen der Ethik Jesu. Er selbst hat nach diesem Grundsatz gelebt. Er will, dass seine Jünger ihn befolgen.

Gewaltverzicht ist nicht Schwäche, sondern Stärke: ein Aussteigen aus dem Teufelskreis von Gewalt und Gegengewalt, ein gezieltes Unterlaufen des Vergeltungsdenkens, eine Entwaffnung der Angreifer. Gewaltverzicht ist nicht passiv, sondern aktiv. Leidensbereitschaft, Leidensfähigkeit sind vorausgesetzt, aber mehr noch Hoffnung auf Gottes Gerechtigkeit im Jenseits und Diesseits. Die alttestamentliche Maxime des »Auge um Auge« (Ex 21,24) hat schon die Rache begrenzt; Jesus will sie überwinden.

Feindesliebe ist die innere Haltung des Gewaltverzichts. Bliebe er Kalkül, würde er allzu oft enttäuscht. Er ist aber Ausdruck einer Haltung, die auch im Feind den Menschen sieht, das Geschöpf Gottes. Umgekehrt bewährt sich die Feindesliebe im Verzicht auf Rache und Vergeltung. Jesus hat harte, erniedrigende, empörende Formen von Feindschaft genannt: jemanden ins Gesicht schlagen; einem das letzte Hemd nehmen; einen zur Begleitung zu pressen, wie das ein römischer Soldat damals konnte; jemanden um seines Glaubens willen verfolgen. Körperliche Gewalt, wirtschaftliche Ausbeutung, politische Unterdrückung, religiöse Freiheitsberaubung

– nichts kann für Jesu Jünger ein Grund sein zu hassen, statt zu lieben. Wenn man nichts mehr tun kann, geht immer noch eines: für die Feinde zu beten.

Zur Nächstenliebe hat auch das Gesetz aufgerufen (Lev 19,18) und unter den Nächsten die Mit-Israeliten verstanden. Ein Gebot, die Feinde zu hassen, kennt das Alte Testament nicht. Vielmehr soll man die Nächsten gerade dann lieben, wenn sie Schuld auf sich geladen haben; und außerdem sollen auch die Fremden geliebt werden (Lev 19,34).

Wenn man Matthäus genau liest, hört man auch, dass Jesus gar nicht behauptet, das Gesetz fordere Feindeshass. Aber er weiß, dass dieser Hass – zum Beispiel in Qumran – gefordert worden ist: in der sicheren Erwartung, dass Gott die Sünder hasst, um der Gerechtigkeit willen. Deshalb muss Jesus auch sein Gebot der Feindesliebe theologisch begründen. Er tut es, indem er ins Buch der Natur schaut: Gott lässt auch die Bösen und die Ungerechten leben, er ist ja ihr Schöpfer. Gott liebt die Menschen, auch wenn sie seine Feinde sind. Das sollen Jesu Jünger nachahmen.

12 Mt 6,7–13: Das Vaterunser

6,7 *Wenn ihr betet, plappert nicht wie die Hei-*
den. Denn sie meinen erhört zu werden, wenn
sie viele Worte machen. 8 *Macht es also nicht*
wie sie. Euer Vater weiß ja, was ihr braucht,
bevor ihr ihn bittet. 9 *So sollt ihr beten:*

Unser Vater im Himmel,
geheiligt werde dein Name,
10 *dein Reich komme,*
dein Wille geschehe
wie im Himmel, so auch auf Erden.
11 *Unser tägliches Brot gib uns heute,*
12 *und vergib uns unsere Schuld,*
wie auch wir unsern Schuldnern vergeben haben.
13 *Und führe uns nicht in Versuchung,*
sondern erlöse uns von dem Bösen.

Jesus lehrt seine Jünger, wie sie die große Gefahr der Frommen vermeiden können, ihre Gerechtigkeit zur Schau zu stellen und dadurch Heuchler zu werden (Mt 6,1): Sie sollen gute Werke tun; denn deren einziger Zweck besteht darin, anderen gut zu tun. Jesus steht in einer alten jüdischen Tradition, wenn er drei dieser Werke nennt: Almosen, Beten und Fasten (Mt 6,1–18). Das Almosen ist eine effektive Unterstützung der Armen, kein Abspeisen mit milden Gaben (das wäre heuchlerisch), sondern akute Nothilfe, wo es brennt, und Hilfe zur Selbsthilfe, wo es geht. Das Beten ist ein gutes Werk, weil es vor allem ein Gebet für andere ist: dass sie genug Brot zu essen haben; dass ihre Schuld vergeben wird; dass sie vom Bösen erlöst werden. Das Fasten ist ein gutes Werk, wenn es nicht nur der eigenen Wellness dient (gegen die nichts spricht), sondern Ausdruck der Solidarität mit den Armen, der Anteilnahme an ihrem Hunger ist.

In der Mitte steht das Gebet. Dass man beten soll und wie man beten soll, hat Matthäus besonders akzentuiert, indem er das Gebet des Herrn, das Vaterunser, in die Bergpredigt eingebracht hat. Sie bildet ihr Zentrum. Das Vaterunser ist das Herzstück des gesamten Evangeliums.

Es ist ein Gebet Jesu für seine Jünger. Es macht nicht viele Worte, aber solche, die es in sich haben. Die entscheidenden Anliegen, die großen Versprechungen, die starken Themen Jesu kommen in ihm zur Sprache: das Vatersein Gottes, sein heiliger Name, sein kommendes Reich, sein fordernder und fördernder Wille, aber auch die Not der Menschen – ihre Sorge ums tägliche Brot, ihre Bedrückung durch eigene und fremde Schuld, ihre Angst vor dem Versagen, ihre Hoffnung auf Erlösung.

Der Schlüssel zum Gebet ist die Anrede Gottes: Vater. Auf aramäisch: »Abba«. Das ist die Gebetsanrede Jesu selbst. Er ist der Sohn, der Gott als seinen Vater weiß. An der Liebe zu Gott, die er selbst erfahren hat und in sein eigenes Beten einfließen lässt, lässt er seine Jünger teilhaben, indem er ihnen das Vaterunser als Gebet schenkt. Dadurch gewinnen sie auch Anteil an der Gottesliebe des Gottessohnes. Jesus teilt seine Gottessohnschaft mit ihnen, indem er sie das Vaterunser lehrt.

In ihrem Gebet setzen die Jünger zuerst alles auf Gott: dass er seine Herrschaft kommen lasse und sie dazu in seinen Dienst für die Heiligung seines Namens und die Verwirklichung seines Willens auf Erden nehme. Dann aber bitten die Jünger voll Vertrauen auch für sich selbst und andere: um das Brot, das sie zum Leben brauchen, und um die Erlösung vom Bösen, das sie aus eigener Kraft nie und nimmer besiegen können.

13 Mt 7,1–5: Splitter und Balken

7,1 Richtet nicht, damit ihr nicht gerichtet wer-
det! 2 Denn wie ihr richtet, so werdet ihr ge-
richtet werden, und mit dem Maß, mit dem ihr
messt, wird euch gemessen werden. 3 Was
siehst du den Splitter im Auge deines Bruders,
doch den Balken in deinem Auge nimmst du
nicht wahr? 4 Oder wie kannst du zu deinem
Bruder sagen: Lass mich den Splitter aus dei-
nem Auge herausziehen!, und dabei steht ein
Balken in deinem Auge? 5 Du Heuchler, zieh zu-
erst den Balken aus deinem Auge. Dann magst
du sehen, wie du den Splitter aus dem Auge
deines Bruders herausziehst.

Zur vollen Gerechtigkeit, die Jesus seinen Jüngern nahebringt, gehört der Verzicht darauf, über andere zu Gericht zu sitzen. Das scheint paradox. Aber es ist konsequent. Es gibt eine irdische und eine himmlische Gerechtigkeit. Beides muss unterschieden werden. Vor einem menschlichen Gericht sucht man sein Recht – und erhält ein Urteil. Das soll gut begründet sein, aber es steht doch immer unter dem Vorbehalt menschlicher Fehlbarkeit – nicht nur des Täters, sondern auch des Richters.

Jesus sagt nicht, man solle sich eines Urteils über Gut und Böse enthalten. Aber er warnt Menschen davor, sich die Rolle Gottes anzumaßen. Die Versuchung gerade der Gerechten und Frommen ist es, über andere Menschen, über Sünder, Ungläubige, Zweifler, den Stab zu brechen. Am Ende des Lebens steht das Gericht – aber das Gericht Gottes. Kein menschliches Gericht bildet die letzte Instanz. Selbst wenn es im Leben eines anderen schwerste Schuld gäbe, wäre doch das Anklagen und Verurteilen, von dem Jesus hier spricht, eine Schuld, weil es sich ein letztes Urteil über einen anderen Menschen anmaßte, letztlich eine Entscheidung über Leben und Tod.

Das meint Jesus mit dem Splitter und dem Balken. Zur Feindes- und Sünderliebe, zur Vergebung und Barmherzigkeit, so der englische Autor C. S. Lewis, ist jeder Mensch schnell und gerne bereit – soweit es um die eigene Person geht. Es geht aber um andere.

Wer der Bergpredigt Glauben schenkt, braucht auf Gerechtigkeit nicht zu verzichten. Im Gegenteil: Wer Jesu Wort folgt, setzt auf den einzig gerechten Richter: Gott. Und maßt sich nicht selbst das Urteil an, einen anderen Menschen ganz durchschaut und absolut gerecht beurteilt zu haben.

Der Schweizer Schriftsteller Max Frisch hat dieses Motiv in seinen Tagebüchern aktualisiert: Du sollst dir kein Bild machen! – In der Bibel bezieht sich das Verbot auf Gott: Man darf ihn nicht auf eine Vorstellung fixieren. Max Frisch überträgt es auf den Menschen: Man darf ihn nicht auf die eigenen Vorstellungen von Gut und Böse festnageln.

»Richtet nicht, damit ihr nicht gerichtet werdet!« Jesus, der diese Warnung ausspricht, ist selbst gerichtet und hingerichtet worden, im Namen Gottes und der Staatsräson. Wie gut, dass er den Menschensohn als endzeitlichen Richter verheißt, der seine eigenen Züge trägt.

14 Mt 7,12: Die Goldene Regel

7,12 *Alles, was ihr wollt, dass euch die Leute tun, das sollt auch ihr ihnen tun! Denn darin besteht das Gesetz und die Propheten.*

Zweimal sagt Jesus nach dem Matthäusevangelium, dass an einem einzigen Wort »Gesetz und Propheten hängen«. Das zweite Wort ist das Doppelgebot der Gottes- und der Nächstenliebe (Mt 22,34–40). Das erste steht in der Bergpredigt; es ist die Goldene Regel.

Beide Worte gehören von innen heraus zusammen. Beide wollen nicht das Gesetz überwinden, sondern zur Geltung bringen; beide markieren den archimedischen Punkt, von dem her das ganze Gesetz seine Kraft entfalten kann, das Leben der Nachfolge zu gestalten.

Beide Worte setzten aber ganz unterschiedlich an. Das Doppelgebot geht von der innersten Mitte des Alten Testaments aus, dem Hauptgebot der Liebe zum einen Gott mit ganzem Herzen, ganzer Seele, ganzer Kraft und vollem Verstand (Dtn 6,4 f.), und macht es durch die Verbindung mit der Nächstenliebe (Lev 19,18) zu einer schlechterdings überzeugenden, faszinierenden und ausstrahlenden Kurzformel menschlichen Lebens im Angesicht Gottes, die für alle Welt geöffnet ist.

Die Goldene Regel hingegen greift einen Gedanken auf, der weit außerhalb des Judentums und des Christentums tausendfach bezeugt ist, und leitet von ihm aus zur Mitte der Verkündigung Jesu, die Gesetz und Propheten erfüllt.

Die Goldene Regel ist auf Deutsch in Form eines Verbotes populär geworden: »Was du nicht willst, dass man dir tu, das füg auch keinem andern zu.« Diese Fassung appelliert an den gesunden Egoismus, an das eigene Lebensrecht, das Wissen um die eigenen Interessen – und fordert Unparteilichkeit: das Recht, die Interessen, das Selbstbewusstsein eines anderen Menschen nicht geringer zu schätzen, wer es auch sei. Das ist ein interkultureller, interreligiöser, internationaler Maßstab ethischen Handelns.

Jesus knüpft daran an, geht aber darüber hinaus, denn er setzt nicht bei dem an, was man gerne vermeiden will, sondern bei dem, was für einen selbst und andere wichtig, gut und richtig ist. Jesu Formulierung verlangt, den eigenen Willen kritisch zu durchleuchten, um alle möglichen Wünsche, Fantasien, Bedürfnisse und Begehrlichkeiten von dem zu unterscheiden, was der Menschlichkeit des Menschen entspricht. Sie steigert das Niveau der Selbstliebe, sie kultiviert den Egoismus.

Dem Wort Jesu aus der Bergpredigt kommt unter allen Parallelen ein moralischer Grundsatz des Aristoteles am nächsten: »Wir sollen uns gegenüber anderen so benehmen, wie wir wünschen, dass andere uns gegenüber handeln.« Der Unterschied besteht darin, dass diejenigen, die aus dem Munde Jesu die Goldene Regel hören, vorher zu beten gelernt haben: »Dein Wille geschehe, wie im Himmel so auf Erden«. Durch den lebendigen Gottesglauben, den Jesus predigt, vorlebt und bringt, wird das Ethos der Humanität über sich selbst hinausgeführt, in den Raum hinein, der durch die Grenzen des menschlichen Könnens verschlossen, durch das Kommen der Gottesherrschaft aber geöffnet wird. In diesem Raum entscheidet sich alles, was mit Not und Erlösung, Schuld und Sühne, Glaube und Glückseligkeit zu tun hat.

Dass die Goldene Regel nicht nur eine Maxime der Ethik ist, sondern »Gesetz und Propheten« erfüllt, ist keine Sondermeinung Jesu, sondern verbindet ihn mit vielen Pharisäern. Der babylonische Talmud überliefert, dass Rabbi Hillel, der allerdings etwas vorsichtiger ist und die Verbotsform vorzieht, gelehrt habe: »Was dir verhasst ist, das tue deinem Nächsten nicht. Das ist die ganze Tora, der Rest ist Auslegung« (Babylonischer Talmud, Traktat Schabbat 31a)

15 Mt 8,5–13: Der Hauptmann von Kafarnaum

8,5 Als Jesus nach Kafarnaum kam, trat ein Hauptmann an ihn heran mit der Bitte: 6 Herr, mein Knecht liegt gelähmt zu Hause und leidet große Qual. 7 Er sprach zu ihm: Ich will kommen und ihn heilen! 8 Da antwortete der Hauptmann: Herr, ich bin nicht würdig, dass du unter mein Dach trittst. Aber sprich nur ein Wort, so ist mein Knecht geheilt. 9 Denn auch ich bin ein Mann, der unter Befehlsgewalt steht, und habe Soldaten unter mir. Sage ich nun zu einem: Geh!, so geht er, und zu einem andern: Komm!, so kommt er, und zu meinem Knecht: Tu das!, so tut er es. 10 Als Jesus das hörte, staunte er und sprach zu denen, die ihm folgten: Amen, ich sage euch: Bei niemand in Israel habe ich solchen Glauben gefunden. 11 Ich sage euch: Viele werden von Osten und Westen kommen und mit Abraham, Isaak und Jakob im Himmelreich zu Tisch liegen. 12 Die Söhne des Reiches aber werden hinausgestoßen in die Finsternis draußen. Dort wird Heulen und Zähneknirschen sein. 13 Und Jesus sagte zu dem Hauptmann: Geh, dir soll geschehen, wie du geglaubt hast. Und in derselben Stunde war der Knecht geheilt.

Auf die Bergpredigt (Mt 5–7) lässt der Evangelist in schneller Folge zehn Wundergeschichten folgen. Die Exegese sagt gerne: Jesus ist nicht nur der Messias des Wortes, sondern auch der Tat. Allerdings haben schon seine Worte der Bergpredigt Kraft; und im Kern der sogenannten »Wunder« Jesu – die Matthäus am liebsten »Machttaten« nennt – steht regelmäßig ein vollmächtiges Wort Jesu.

Die Abfolge der Wundergeschichten lässt einen Weg Jesu erkennen:

- vom Berg der Verkündigung hinab
- zur Begegnung mit einem Aussätzigen (Mt 8,1–4 par. Mk 1,40–45),
- nach Kafarnaum hinein, wo er den Knecht des heidnischen Hauptmannes heilt (Mt 8,5–13 par. Lk 7,1–10),
- und ins Haus des Petrus, wo er zuerst dessen Schwiegermutter kuriert (Mt 8,14 f. par. Mk 1,29 ff.) und abends viele Kranke heilt (Mt 8,16 f. par. Mk 1,32–35),
- dann des Nachts über den See, dessen Sturm er stillt (Mt 8,23–27 par. Mk 4,35–41),
- morgens nach Gadara (in der Dekapolis) am anderen Seeufer, wo er zwei Besessene von Dämonen befreit (Mt 8,28–34 par. Mk 5,1–20),
- wieder zurück über den See nach Kafarnaum, in »seine Stadt« (Mt 9,1),

- wo er auf offener Straße einen Gelähmten heilt (Mt 9,1–8 par. Mk 2,1–12),
- danach im Weitergehen Matthäus beruft, um in dessen Haus mit Zöllnern und Sündern zu tafeln (Mt 9,9–13), was Anlass gibt, das Thema des Fastens (vgl. Mt 6) noch einmal anzusprechen (Mt 9,14–17 par. Mk 2,18–22),
- und wo ihn der Synagogenvorsteher aufsucht, dass er in sein Haus mitkomme, seine Tochter von den Toten aufzuerwecken (Mt 9,18 f. 23–26 par. Mk 5,21–24.35–43),
- während er auf dem Weg die blutende Frau heilt (Mt 9,20 ff. par. Mk 5,25.34),
- und, aus dem Haus des Jairus wieder heraus, auf seinem weiteren Weg zuerst zwei Blinde (Mt 9,27–31), dann einen Stummen heilt (Mt 9,32 ff.),
- was die Pharisäer zum Vorwurf der Teufelsbesessenheit veranlasst (Mt 9,34), das Volk aber dazu führt, in hellen Scharen zu Jesus zu strömen (Mt 9,33.35).

Dieser Weg zeigt keinerlei Hektik, sondern die dynamische Sendung Jesu: Wer ihm begegnet, begegnet dem »Evangelium vom Reich«; wer sich nicht sperrt, wird gesund, wenn er krank war, und in die Nachfolge gerufen, wenn er glaubt.

Die Begegnung mit dem Hauptmann von Kafarnaum ist eine Schlüsselszene. Denn der

Hauptmann ist kein Jude, so auch sein Knecht nicht. Darf Jesus sich überhaupt mit ihm einlassen? Ist er nicht auf den Heilsdienst an Juden festgelegt?

Im »Galiläa der Heiden« (Mt 4,16) gibt es Ausnahmen, die die Regel bestätigen. Der Hauptmann selbst weiß, was er Jesus zumutet. Er ist »nicht würdig«, weil er ein Heide ist. Aber er ist auch ein Herr, der um seinen Knecht besorgt ist. (Nach einer anderen Übersetzungsmöglichkeit: ein Vater, der Angst um seinen Sohn hat.) Er setzt in seiner eigenen Erfahrungswelt der militärischen Kommandogewalt an, um sein Vertrauen zu äußern, dass ein einziges Wort Jesu, auch über die Entfernung hin gesprochen, reicht, den Knecht (das Kind) gesund zu machen.

Jesus reagiert emotional: Er »staunt«. Und er verweigert sich dem Wunsch des Heiden nicht: »Wie du geglaubt hast, so soll dir geschehen.« Der Glaube gehört zur Heilung. In diesem Fall ist er wie ein offenes Tor, durch das Jesus in das Haus des Hauptmanns eintreten kann, auch wenn er räumlich auf Distanz bleibt.

Aber nach Matthäus reflektiert Jesus, was in Kafarnaum geschehen ist: Er bringt die kleine Begebenheit, dass der Hauptmann zu ihm kommt und ihn um sein heilendes Wort bittet, mit der großen Hoffnung Israels zusammen, dass am Ende aller Tage die Völker sich bekehren und zum Zion ziehen, um dort gemeinsam mit den Juden den wahren Gott anzubeten (Jes 2,1–5; Mi 4,1 ff.).

Die Warnung an die »Söhne des Reiches« darf nicht überhört werden. Aber entgegen einer langen Auslegungstradition weissagt Jesus keineswegs »den ungläubigen Juden« die ewige Vernichtung. Papst Benedikt XVI. hat in seiner zweiten Enzyklika, »Spe salvi«, das Gericht Gottes als einen Ort beschrieben, an dem noch einmal die Hoffnung auf Erlösung entstehen kann, und gleichzeitig klargestellt, dass die neutestamentlichen Bilder, in denen traditionell die Hölle gesehen worden ist, das meinen können, was später das »Fegefeuer« genannt wurde: einen Ort schmerzlicher Buße und Selbsterkenntnis, die aber zum Guten geschieht. Es gibt – Matthäus hat das mit Jesusworten dick unterstrichen – kein Heil ohne Gericht; aber das Gericht gibt es um des ewigen Heiles willen.

»Herr, ich bin nicht würdig, dass du eingehst unter mein Dach; aber sprich nur ein Wort, so wird meine Seele gesund« – dieses Gebet sprechen alle Gläubigen vor der Kommunion. Sie wenden das Wort des Hauptmanns auf sich selbst an; sie bekennen sich unwürdig, weil sie keinen Anspruch auf Gott, aber Sehnsucht nach Gott haben und schwache Menschen sind, die ohne Gott nicht leben können – sie selbst nicht und andere

Menschen auch nicht; sie vertreten diejenigen, die erst später zum Altar treten werden. Sie hoffen auf die Gesundung ihrer kranken Seelen. Sie verbinden das Brot Jesu mit dem Wort Jesu; sie sehen die Eucharistie wie der Kirchenvater Irenäus als »Arznei der Unsterblichkeit« und sie binden die Kommunion an das Leben Jesu zurück, seine Verkündigung in Galiläa, seine Treue zu Israel, seine Überschreitung der Grenze zu den Heiden, seine Hilfe für Menschen in Not.

16 Mt 9,1–8: Die Heilung des Gelähmten

9,1 *Jesus stieg in das Boot, fuhr hinüber und*
kam in seine Stadt. 2 *Da brachten sie ihm einen*
Gelähmten, der auf einem Bett lag. Als Jesus
ihren Glauben sah, sagte er zu dem Gelähm-
ten: Mut, mein Kind, deine Sünden sind dir ver-
geben. 3 *Da dachten einige Schriftgelehrten:*
Der lästert. 4 *Da Jesus ihre Gedanken kannte,*
sagte er: Warum denkt ihr Böses in euren Her-
zen? 5 *Was ist denn leichter, zu sagen: Deine*
Sünden sind dir vergeben, oder zu sagen: Steh
auf und geh umher? 6 *Damit ihr aber wisst,*
dass der Menschensohn Macht hat, auf der
Erde Sünden zu vergeben – sagte er zu dem
Gelähmten: Steh auf, nimm dein Bett und geh
heim! 7 *Und er stand auf und ging heim.* 8 *Als*
das die Volksscharen sahen, fürchteten sie sich
und priesen Gott, der den Menschen solche
Vollmacht gegeben hat.

In der Reihe der Wundergeschichten, die Matthäus auf die Bergpredigt folgen lässt, gibt es unproblematische und problematische. Unproblematisch ist die Reinigung von Aussätzigen, die sich den Priestern zeigen sollen, damit die ihnen eine Gesundheitsbescheinigung ausstellen (Mt 8,1–4); unproblematisch ist auch die Heilung der Schwiegermutter des Petrus, der eine Vielzahl weiterer Heilungen folgt (Mt 8,14–17).

Problematisch ist hingegen die Heilung des Knechtes des Hauptmanns von Kafarnaum, weil er ein Heide ist (Mt 8,5–13), problematisch ist auch die Heilung des Gelähmten nach Mt 9,1–7. Freilich ist hier nicht das »Steh auf, nimm dein Bett und geh in dein Haus!« schwierig, sondern die Verbindung der Krankenheilung mit der Sündenvergebung. Heute würde man das Problem wohl dort suchen, wo eine Krankheit, hier eine Lähmung, auf eine Sünde zurückgeführt wird, wie Jesus das voraussetzt, wenn er nicht mit einem Heilungs-, sondern einem Vergebungswort reagiert. Nach dem Johannesevangelium hat er mit Nachdruck das Vorurteil seiner Jünger zurückgewiesen, der Blindgeborene müsse eine eigene Schuld oder eine seiner Eltern büßen (Joh 9,1–3). Aber so zynisch die – immer noch populäre – Losung »Selber schuld!« ist, so sehr ist es eine tiefe Erfahrung der Bibel, dass Sünde krank macht. Die Neuzeit kann sich leicht psychische Ursachen für körperliche Gebrechen vorstellen. Aber Jesus hat die Seele des Menschen im Sinn, seine Beziehung zu Gott: Sünde, in welcher Form auch immer, macht das Leben kaputt, das Leben anderer wie das eigene Leben. Eine Therapie, die nur den Leib und nicht auch die Seele beträfe, wäre keine vollständige Heilung.

Der Skandal, den die Schriftgelehrten wittern, ist das Wort Jesu, dass dem Gelähmten die Sünden vergeben sind. Die Gegner Jesu erkennen genau, dass es sich bei Jesu Wort nicht um jenes alltägliche Verzeihen im menschlichen Umgang handelt, zu dem jeder Jude vom Gesetz – wie jeder Mensch von seinem Gewissen – aufgefordert wird. Jesus verzeiht dem Gelähmten ja nicht ein Unrecht, das dieser ihm persönlich angetan hätte. Er bringt vielmehr das ganze Leben des Mannes in Ordnung. Es vergibt ihm die Schuld, die – so scheint es den Schriftgelehrten – nur von Priestern am Tempel im Namen Gottes vergeben werden kann. Mehr noch: Die Sündenvergebung, die Jesus zuspricht, nimmt sozusagen Gottes Urteil im Endgericht vorweg und sagt eine Vergebung zu, wo augenscheinlich eine Verdammung angezeigt wäre. Deshalb der Vorwurf der Lästerung: Jesus maße sich an, was Gottes ist. Jesus kommt dem Einwand zuvor. Er erkennt das Böse, das im Vorwurf der Blasphemie steckt: nicht nur Neid, sondern eine Absage an Jesus, wie er das Gute versteht und verkörpert. Er kehrt aber seinen Kritikern nicht den Rücken, sondern wendet sich ihnen zu. Er beansprucht nicht ein Vorrecht Gottes für sich persönlich;

er bringt vielmehr den endgültigen Vergebungswillen Gottes zur Geltung. Schon hier auf Erden soll er Wirklichkeit werden. Dafür ist Jesus gesandt.

Der Evangelist ruft hintergründig die Erinnerung an die Deutung des Jesus-Namens wach, die der Engel Josef gibt: »Er wird sein Volk von seinen Sünden erlösen« (Mt 1,21). Zweimal greift Matthäus dieses Motiv auf: Einmal mitten im öffentlichen Leben Jesu, hier in Kafarnaum; das andere Mal im Abendmahlssaal, wo er nach Matthäus sagt, dass er sein Blut vergieße »zur Vergebung der Sünden« (Mt 26,28). Beides gehört zusammen, wie Jesu Leben und Tod, wie seine Vollmacht und Hingabe zusammengehören. Die Vollmacht seines irdischen Wirkens, Sünden zu vergeben, ratifiziert Jesus durch seinen Tod am Kreuz; sündenvergebende Kraft aber hat das vergossene Blut Jesu gerade deshalb, weil es Zeit seines Lebens durch seine Adern geflossen ist.

Die körperliche Heilung ist »leichter« als die seelische. Aber sie ist wichtig – für den Gelähmten, der sich wieder frei bewegen kann, ohne auf fremde Hilfe angewiesen zu sein, und für die Kritiker, denen Jesus – der Evangelist Johannes hätte gesagt – ein Zeichen gibt, genauer hinzuschauen und tiefer zu verstehen, wer Jesus ist.

Die Menge ist in ihrer Sicht der Dinge weiter als die Elite. Die Menschenscharen, die

Zeugen geworden sind, erkennen, dass Gott seine Hand im Spiel hat, wenn Jesus handelt. Sie haben auch Recht, wenn sie den Sinn der Geschichte ausweiten: »Solche Vollmacht hat Gott den Menschen gegeben« – die Vollmacht, Sünden nachzulassen; gegeben ist sie den Menschen durch einen Menschen, Jesus, und durch alle, denen er an seiner Vollmacht, der Vollmacht Gottes, Anteil gibt, damit alle, die es wollen, durch sie Erlösung erfahren.

17 Mt 9,9–13: Der Zöllner Matthäus

[9,9]*Als Jesus weiterging, sah er einen Mann na-
mens Matthäus am Zoll sitzen und sagte zu
ihm: Folge mir! Da stand er auf und folgte ihm
nach.*
[10]*Als er in seinem Haus zu Tisch lag, kamen
viele Zöllner und Sünder und legten sich mit
Jesus und seinen Jüngern zu Tisch.* [11]*Als die
Pharisäer das sahen, sagten sie zu seinen Jün-
gern: Warum isst euer Meister mit Zöllnern und
Sündern?* [12]*Er aber hörte es und sagte: Nicht
die Gesunden brauchen den Arzt, sondern die
Kranken.* [13]*Geht und lernt verstehen, was das
heißt: Erbarmen will ich und nicht Opfer. Denn
ich bin nicht gekommen, Gerechte zu berufen,
sondern Sünder.*

Matthäus, der Zöllner, ist zum Namenspatron des ersten Evangeliums geworden. Zöllner ist heute ein ehrbarer Beruf; damals war er es in den Augen der allermeisten Juden nicht: Als notorische Betrüger galten die Zöllner, als Handlanger der Römer, weil sie in deren Auftrag an den zahlreichen Zollstellen möglichst viel Geld aus den Passanten herauspressen sollten.

Dass Jesus einen Zöllner in seine Nachfolge ruft, ist programmatisch. Er hat keine Angst, sich an der Sünde von Sündern anzustecken; im Gegenteil: Er ist sicher, sie mit seiner Heiligkeit anzustecken. Dass Matthäus Jesus aufs Wort folgt, stellt ihn an die Seite des Simon und Andreas, des Jakobus und Johannes. Die Fischer werden zu Menschenfischern; der Halsabschneider wird Seelentröster.

Das Gastmahl mit vielen Zöllnern und Sündern gibt Gelegenheit zum Streit und zur Klärung in der Sache. Die Pharisäer attackieren Jesus nicht direkt, sondern fragen, kritisch, aber höflich, seine Jünger. Für Matthäus ist das ein aktueller Bezug, weil die Praxis Jesu, Gott sei Dank, auch auf die Kirche abgefärbt zu haben scheint und die Jünger Jesu auch zur Zeit des Evangelisten von jüdischer Seite gefragt werden, wie sie diese Praxis rechtfertigen wollen.

Von christlichen Bibellesern wird der Einwand der Pharisäer oft verdächtigt: Kleinlich sei er und hartherzig. Aber diese Unterstellung wird der Kritik nicht gerecht. Vom Standpunkt der Pharisäer aus ist es konsequent, was sie sagen, denn das Gesetz, wie sie es lesen, schützt die Gerechten vor der Verunreinigung durch die Sünden – frei nach dem Sprichwort: Wer sich in Gefahr begibt, kommt darin um.

Jesus nimmt den Einwand ernst; er polemisiert in keiner Weise. Aber er klärt seine Rolle. Er ist »Arzt«, der Arzt des Volkes Gottes, der die Kranken besucht, um sie zu pflegen und zu heilen – so wie Gott selbst sich beim Auszug aus Ägypten geoffenbart hat: »Ich bin der Herr, dein Arzt« (Ex 15,26).

Auch in der Matthäusgeschichte und beim Sündergastmahl geht es noch einmal um den Zusammenhang von Heilung und Vergebung: Jesus ist Arzt mit Leib und Seele. Er ist auch Arzt für Leib und Seele. Er heilt die körperlichen Gebrechen, um die Hoffnung zu veranschaulichen, die er in den Seligpreisungen gemacht hat: »Selig die Trauernden, sie werden getröstet werden« (Mt 5,4).

In seinem ärztlichen Handeln bricht Jesus nicht mit dem Gesetz, sondern bringt es voll zur Geltung. Dazu zitiert er einen Propheten, wie auch das Judentum in der Prophetie zuerst einen Kommentar zum »Gesetz« sieht: »Barmherzigkeit will ich, nicht Opfer« – das sagt der Prophet Hosea im 8. Jahrhundert vor Christus denen, die sich im Pomp religiöser Riten wechselseitig überbieten, aber Gott so verehren, als sei er »Baal«, der Götze der Macht, des Erfolgs, der männlichen Potenz (Hos 6,6).

Dieses Prophetenwort macht Jesus zum Leitmotiv seines Handelns. Jesus wird es ein zweites Mal im Matthäusevangelium zitieren, und zwar bei einem seiner Streitgespräche, in dem es – am vergleichsweise läppischen Beispiel des Ährenraufens am Sabbat – um das grundlegende Verhältnis von Menschlichkeit und Heiligkeit geht (Mt 12,7). Jesus sieht zwischen beiden letztlich keinen Widerspruch, sondern einen inneren Gleichklang und Matthäus gibt zu verstehen, dass diese Harmonie dadurch ertönt, dass in Jesus Gott und Mensch untrennbar zusammenkommen.

Jesus verschafft der Barmherzigkeit Gottes ihr Recht. Er wendet sich nicht gegen Gottesdienst, Liturgie und Opfer. Aber er beherzigt, was er in der Bergpredigt fordert: »Wenn du dein Opfer auf dem Altar darbringst und dich dort erinnerst, dass dein Bruder etwas gegen dich hat, dann lass deine Gabe dort vor dem Altar liegen und geh und versöhne dich zuerst mit deinem Bruder, und dann komm und bring dein Opfer dar« (Mt 5,23 f.).

18 Mt 9,36–10,16: Die Sendung der Jünger

9,36 Als Jesus die Volksscharen sah, wurde er
von Mitleid ergriffen; denn sie waren geschun-
den und preisgegeben wie Schafe, die keinen
Hirten haben. 37 Da sagte er zu seinen Jüngern:
Die Ernte ist groß, aber es gibt nur wenig Ar-
beiter. 38 Bittet daher den Herrn der Ernte, Ar-
beiter für seine Ernte zu schicken.

10,1 Dann rief er seine zwölf Jünger zu sich
und gab ihnen Vollmacht, unreine Geister aus-
zutreiben und alle Krankheiten und Gebrechen
zu heilen.

2 Die Namen der zwölf Apostel sind: an ers-
ter Stelle Simon, genannt Petrus, und sein Bru-
der Andreas, dann Jakobus, der Sohn des Ze-
bedäus, 3 und sein Bruder Johannes, Philippus
und Bartholomäus, Thomas und Matthäus, der
Zöllner, Jakobus, der Sohn des Alphäus, und
Thaddäus, 4 Simon Kananäus und Judas Iska-
riot, der ihn verraten hat. 5 Diese Zwölf sandte
Jesus aus und gebot ihnen: Geht nicht den Weg
zu den Heiden und betretet auch keine Stadt
der Samariter. 6 Geht vielmehr zu den verlore-
nen Schafen des Hauses Israel. 7 Geht und ver-
kündet: Das Himmelreich ist nahe. 8 Heilt
Kranke, erweckt Tote, macht Aussätzige rein,

treibt Dämonen aus! Umsonst habt ihr emp-
fangen, umsonst sollt ihr geben. 9*Verschafft*
euch weder Gold, Silber noch Kupfermünzen
für eure Gürtel, 10*auch keine Reisetasche, auch*
nicht zwei Röcke, weder Sandalen noch Stab.
Denn der Arbeiter ist seiner Nahrung wert.
11*Kommt ihr in eine Stadt oder ein Dorf, so*
fragt, wer es wert ist (euch zu empfangen).
Dort bleibt, bis ihr weiterwandert. 12*Wenn ihr*
in ein Haus eintretet, so bietet ihm den Gruß.
13*Und wenn das Haus es wert ist, so soll euer*
Friede in ihm einkehren; ist es aber nicht wert,
so soll euer Friede zu euch zurückkehren.
14*Wenn man euch nicht aufnimmt und eure*
Worte nicht hören will, so verlasst jenes Haus
oder jene Stadt und schüttelt den Staub von
euren Füßen. 15*Amen, ich sage euch: Dem Ge-*
biet von Sodom und Gomorra wird es am Tag
des Gerichts erträglicher ergehen als jener
Stadt. 16*Seht, ich sende euch wie Schafe mit-*
ten unter die Wölfe. Seid also klug wie die
Schlangen und ohne Falsch wie die Tauben.

Jesus sieht die Menschen nicht nur in ihrer Schuld, sondern auch in ihrer Not. Der entscheidende Antrieb seines Wirkens, seines Redens, seines Denkens ist Mitleid. Die Passionsgeschichte wird zeigen, wie ernst er das Mitleid nimmt; die Aussendungsrede zeigt, dass es keine hilflose Emotion ist, sondern ein Antrieb machtvollen Wirkens.

Jesus will, dass möglichst schnell möglichst viele in Israel (und dann darüber hinaus) die Gute Nachricht der kommenden Gottesherrschaft hören und am eigenen Leib heilsam erfahren. Deshalb sendet er seine Jünger aus, nachdem sie in seine Schule gegangen sind (Mt 5–7) und gesehen haben, welche Taten der Barmherzigkeit er vollbracht hat (Mt 8–9). Zu zweit sollen sie ziehen; gemeinsam sind sie stark. Durch seine Jünger kann Jesus weit mehr Menschen erreichen, als er allein persönlich treffen könnte.

Jesus will, dass die Gottesherrschaft sich ausbreitet. Ob jemand aus seinem eigenen Mund das Evangelium hört oder aus dem eines seiner Jünger, soll für die Hörer keinen Unterschied machen. Sie hören es immer in erstklassiger Qualität. Gewiss sind die Jünger oft genug schwach; aber Gottes Wort ist stark, auch in ihrer Schwäche. Sie können im Namen Jesu verkündigen, in seiner Kraft; denn er hat sie nicht nur beauftragt, sondern auch bevollmächtigt, damit alle, die durch sie von Gottes Herrschaft hören, genauso deren Ankunft erfahren können wie jene, denen er es selbst gesagt hat.

Die Jünger predigen, wie Jesu gepredigt hat: »Das Reich der Himmel ist nahe gekommen« (Mt 10,7). Sie machen sich auf den Weg, die »verlorenen Schafe« zu suchen, wie Jesus sich auf den Weg gemacht hat, weil sie gerettet werden müssen (Mt 18,12 ff.). Sie heilen Kranke wie Jesus, treiben Dämonen aus wie Jesus, wecken Tote auf, wie Jesus Tote auferweckt hat. Das ist ein schier unglaublicher Vorgang. Wie unglaublich, hat der Schriftsteller Patrick Roth 1993 in »Johnny Shines oder die Wiedererweckung der Toten« beschrieben, dem zweiten Teil seiner »Christusnovelle«. Dass Kranke gesundgebetet werden, dass Tote ins Leben zurückgerufen werden – ist das nur ein frommer Wunsch? Es gibt Menschen, die solche Geschichten erzählen können – Heilige wie Don Bosco auf jeden Fall, aber auch manche Schwestern und Ärzte. Meistens trauen sie sich aber nicht und haben Angst, als Spinner abgestempelt zu werden. Aber wenn diese Geschichten mit dem lebendigen Gott der Verkündigung Jesu in Verbindung gebracht werden, kommen sie dann nicht doch heraus aus der Ecke der Magie und hinein in die Zone des Glaubens?

Ebenso anstößig, irritierend, verstörend war es damals: nicht nur, dass die Grenze des Todes, wenigstens für eine Zeit, durchbrochen wird (dagegen sind die überwältigenden Nahtoderfahrungen gar nichts), sondern auch, dass schwache Menschen im Namen eines gleichfalls schwachen, sterblichen Menschen, ihres Lehrers und Meisters, göttliche Macht haben. Für Matthäus erklärt sich dies aus der unbändigen Kraft der nahekommenden Gottesherrschaft und der überragenden Autorität Jesu, die auf sie übergeht. Das ist eine Versuchung, mit der sie fertig werden müssen und nicht immer fertig werden. Es ist aber viel mehr noch eine Chance für die Menschen in Not, die auf tatkräftige Hilfe angewiesen sind. Deshalb geht Jesus das Risiko ein – und die Jünger müssen sehen, dass es sich auszahlt.

Entscheidend ist, wie sie das Evangelium verkünden. Form und Inhalt müssen übereinstimmen; sonst herrscht pure Heuchelei. In den Formfragen ist Jesus genauso anspruchsvoll wie in den Inhaltsfragen. Die Jünger sollen leben, wie er während seiner Verkündigungsreisen gelebt hat. Sie sollen nicht nur die Armut der Armen teilen, um ihnen körperlich und materiell zu zeigen, dass Gottes Reich sie reich macht; sie sollen sich auch von denen abhängig machen, denen sie das Evangelium bringen, damit nur ja jedes Gönnerhafte in der Mission, jedes Herrscherliche, das es dann leider Gottes so oft gegeben hat und gibt, im Keim erstickt wird. Genauer noch: Die Jünger sollen wie Jesus auf die Gastfreundschaft derer setzen, die sie zu Hörerinnen und Hörern des Wortes machen wollen. Die uralte Tugend ist die Schwelle, über die sie in die Häuser der Menschen gelangen. Anders gesagt: Sie beginnen ihre Predigt nicht damit, den Menschen ein schlechtes Gewissen zu machen, sondern geben ihnen Gelegenheit, Gutes zu tun – und können ihnen dann zeigen, wie viel unermessliche Güte sich daraus entwickeln kann.

Zur Gewaltfreiheit der Mission gehört die Bereitschaft, Misserfolg zu akzeptieren. Niemand wird zu seinem Glück gezwungen. Aber Gastfreundschaft zu verweigern ist nicht ohne Wirkung, und den Jüngern die Tür zu weisen, bleibt nicht folgenlos. Den Staub von den Füßen zu schütteln, ist ein Gestus gewaltfreien Gerichts (Mt 11,20–24). Die Jünger sind Propheten der Gottesherrschaft. Sie beschwören das Gericht über die Abweiser herauf, wie Abraham das Gericht über Sodom und Gomorrha nicht verhindern konnte (Gen 19). Dass sich dann im Jüngsten Gericht ein göttlicher Blutrausch ereignet, wie manche unterstellen und viele befürchten, widerspricht der Verkündigung Jesu. Das Feuer, das läutert, ist das bessere Bild.

Die Ersten, die mit dieser Verkündigung anfangen, sind die Zwölf. Jesus hat sie zu Aposteln erwählt, um die uralte Tradition Israels aufleben zu lassen: das Gottesvolk der zwölf Stämme mit den zwölf Söhnen Jakobs/Israels als Stammvätern. Jesus will nicht einen »heiligen Rest« für Gottes Reich gewinnen und die Masse dem Untergang weihen, sondern ganz Israel sammeln, um allen Völkern das Reich Gottes zu öffnen.

Die Zwölf sind die Ersten, die mit der Verkündigung anfangen. In ihren Fußstapfen wird es weitere geben – und nach Ostern geht es um alle Völker (Mt 28,16–20).

19 Mt 11,2–6: Die Frage des Täufers

[11,2]Als Johannes im Gefängnis von den Taten Christi hörte, ließ er durch seine Jünger fragen: [3]Bist du es, der kommen soll, oder müssen wir einen anderen erwarten? [4]Jesus antwortete ihnen: Geht und berichtet Johannes, was ihr hört und seht:

[5]Blinde sehen, Lahme gehen, Aussätzige werden rein und Taube hören, Tote werden auferweckt und den Armen wird frohe Botschaft verkündet. [6]Selig ist, der an mir keinen Anstoß nimmt.

Jesus, so liest man oft in frommen Büchern, ist die Antwort auf alle Fragen. Matthäus hätte diesen Satz unterschrieben; denn er ist überzeugt, dass in Jesus Gott selbst gegenwärtig ist. Aber Matthäus hat auch herausgearbeitet, dass Jesus alles in Frage stellt: alles Wissen, alle Sicherheit, jede Tradition. Er selbst wird ja zur Frage. Matthäus hat deutlich gesehen, dass Jesus in seinem Auftreten nicht einfach immer schon Antworten gibt, sondern zuerst die Frage provoziert, wer er denn eigentlich sei und was er mit Gott zu tun habe.

Wenn einer wissen sollte, wer Jesus ist, dann Johannes der Täufer. Er ist ja, so sind die Jünger Jesu überzeugt, sein Vorläufer; er ist – als Kind der Elisabet – sein Verwandter; er hat ihn im Jordan getauft. Für Jesus hat kein größerer Mensch als er gelebt (Mt 11,11). Aber Matthäus überliefert, dass Johannes noch im Gefängnis, den Tod bereits vor Augen, nicht sicher weiß, wer Jesus eigentlich ist, sondern fragen muss: »Bist du es, der kommen soll, oder müssen wir einen anderen erwarten?« Es ist die Frage aller Fragen: Wer ist Jesus? Wer ist der Messias, der Davidssohn und Gottessohn? Wer bringt den Völkern Gottes Heil? Wie kommt Gott den Menschen nahe?

Jesus antwortet, indem er die Frage zurückgibt. Johannes, schreibt Matthäus, fragt, weil er im Gefängnis von seinem Wirken gehört hat. Jesus antwortet auf die Frage nach seiner Identität, indem er auf seine Worte und seine Taten verweist. Seine Jünger (die Jesus ihm nicht abspenstig macht) sollen berichten, was sie »hören und sehen«.

Das klingt tautologisch. Aber es ist eine echte Antwort. Denn Jesus spricht in seiner Beschreibung dessen, was auch die Jünger des Täufers sehen und hören können, die Sprache der Prophetie Israels. Stillschweigend und frei zitiert er Visionen aus dem Jesajabuch. »Deine Toten leben wieder auf, und ihre Leichen werden wieder auferstehen. Erwacht und jubelt, die ihr im Staub ruht! Denn Tau des Lichtes ist dein Tau, und die Erde wird die Schatten herausgeben« (Jes 26,19). »An jenem Tag werden auch die Tauben die Worte der Schrift hören, und (befreit) von Dunkel und Finsternis, werden die Augen der Blinden sehen« (Jes 29,18). »Dann öffnen sich die Augen der Blinden und tun sich die Ohren der Tauben auf« (Jes 35,5). »Der Geist Gottes, des Herrn, ruht auf mir; denn der Herr hat mich gesalbt. Er hat mich gesandt, den Armen die Frohbotschaft zu bringen, zu heilen, die gebrochenen Herzens sind, den Gefangenen Befreiung anzukündigen und den Gefesselten Erlösung« (Jes 61,1).

Durch die Sprache des Jesaja wird klar, welche Botschaft Jesus ins Gefängnis zurücksendet: Jesus ist der, der Israels kühnste Hoffnung verwirklicht – und ins Unendliche steigert. Er vollbringt nicht Kunststücke, sondern verwirklicht die Verheißung der Prophetie.

Die alttestamentliche Wissenschaft ist sich einig, dass Jesaja (oder wer immer in seinem Namen gesprochen hat) nicht von realen Heilungen redet, sondern das Heil der vollkommenen Gottesherrschaft an wunderbaren irdischen Vorgängen veranschaulichen will. Gerade umgekehrt die Perspektive Jesu: Bei ihm veranschaulichen die realen Machttaten das vollendete Heil der Gottesherrschaft.

20 Mt 11,25–30: Der Jubel Jesu

11,25*In jener Zeit sprach Jesus: Ich preise dich,
Vater, Herr des Himmels und der Erde, dass du
dies vor Weisen und Klugen verborgen, Un-
mündigen aber offenbart hast.* 26*Ja, Vater, so
hat es dir gefallen.* 27*Alles ist mir von meinem
Vater übergeben. Niemand kennt den Sohn,
nur der Vater; und den Vater kennt niemand,
nur der Sohn und der, dem der Sohn es offen-
baren will.*

28*Kommt alle zu mir, die ihr mühselig und
beladen seid: Ich will euch Ruhe verschaffen.*
29*Nehmt mein Joch auf euch und lernt von mir;
denn ich bin sanftmütig und demütig von Her-
zen, und ihr werdet Ruhe finden für eure See-
len.* 30*Denn mein Joch ist sanft und meine Last
leicht.*

Der Jubelruf Jesu gilt vielen als Einsprengsel aus dem Johannesevangelium ins Matthäusevangelium. Denn die Rede von Gott als Vater, von Jesus als Sohn, von Offenbarung und Verbergung, von Gotteswissen und von der Übergabe aller Macht – all das gehört zu den Charakteristika des Vierten Evangeliums. Doch könnte umgekehrt ein Wort wie Mt 11,25 ff., das aus der Redenquelle stammt, eher zeigen, dass auch der Evangelist Johannes aus jesuanischen Traditionen schöpft, die er zu einer umfassenden Theologie des Wortes Gottes ausbaut.

Dass die Offenbarung des Namens, des Willens, des Reiches Gottes zugleich ein Verbergen ist, gehört zu den Grundeinsichten der Theologie Israels – bleibt Gott doch ein Geheimnis und jedes menschliche Begreifen, jede menschliche Ahnung Gottes immer nur menschlich, nicht aber von göttlicher Vollkommenheit. Kritisch gesagt: Jedes menschliche Gottesbild muss zerbrochen werden, damit Gott sich als er selbst zeigen kann. Es sind aber gerade die »Weisen«, die »Klugen«, die Schriftgelehrten, die Theologen, die, weil sie so viel wissen, in der Versuchung stehen, Gott auf den Begriff zu bringen. Jeder solche Versuch aber muss scheitern. Gott wahrt, indem er sich offenbart, seine Freiheit.

Das leuchtet gerade den »Einfältigen« ein, denen, die »reinen Herzens sind« und die deshalb nach der Seligpreisung Jesu »Gott schauen werden« (Mt 5,8). In anderen Übersetzungen ist von den Kindlichen und Unmündigen die Rede. Der Unterschied lässt sich nicht am Intelligenzquotienten festmachen, eher schon am sozialen Status: Gott offenbart sich durch den armen Jesus den Armen, die nur noch auf ihn hoffen können. Letztlich liegt der Unterschied darin, dass die einen im Grunde mit Gott abgeschlossen haben, weil sie ihn auf ihre Maximen und Reflexionen festlegen, während die anderen im Grunde mit Gott anfangen wollen, weil es für sie nur besser werden kann.

Die Paradoxie der Offenbarung besteht darin, dass Gott, der Vater, der Herr des Himmels und der Erde, »alles« diesem Jesus, einem Menschen, übertragen hat: seine ganze Heiligkeit, seinen Namen, seinen Anspruch, seinen Willen, sein Reich. Das ist ein Ding der Unmöglichkeit. Es ist eine Revolution der Theologie. Mit dieser Revolution tun sich gerade die »Weisen« schwer, die ihr Wissen aus Erfahrung schöpfen, und die »Klugen«, die immer ihre eigene Chance suchen. Aber ohne diese Revolution konnte nie und nimmer das Reich Gottes verwirklicht werden – als Ort des Friedens für alle, die Hunger und Durst nach Gerechtigkeit haben. Die ganze Jesus-Geschichte, die Matthäus erzählt, ist die Geschichte dieser unmöglichen Möglichkeit, dieses unglaublichen Glaubens, dieser unerhörten Erfahrung.

Diese Geschichte kann nur stimmen, wenn Jesus der Sohn Gottes ist. Denn nur wenn der Vater eine Beziehung nächster Nähe, tiefster Liebe, größter Treue zu Jesus hat (der Superlativ jeweils in der exakten grammatikalischen Bedeutung genommen), kann passiert sein, was Jesus so freut, dass es aus ihm jubelnd herausbricht. Diese Beziehung aber ist die zwischen dem Vater und dem Sohn (der Singular jeweils in der exakten grammatikalischen Bedeutung genommen).

Jesus hat aber die Offenbarung des Vaters nicht empfangen, um sie für sich zu behalten, sondern um sie weiterzugeben. Das ist – so Matthäus – das große Glück der Menschen. Der Evangelist hat den Zusammenhang verstärkt, indem er den Jubelspruch aus der Redenquelle (vgl. Lk 10,21 f.) mit dem Wort vom Joch verbunden hat, das aus dem »Sondergut« des Evangeliums stammt (Mt 11.28–30).

»Erkenne dich selbst!« – das Motto des Orakels von Delphi steht idealiter über jedem antiken Tempel.

»Kommt her zu mir, die ihr mühselig und beladen seid« – dieses Jesuswort steht idealiter über jeder Kirche, und oft ist es auch bei der Eingangstür in Stein gehauen oder in Bronze gegossen.

Der Unterschied ist klar: Beide Male geht es um eine echte Idee von Heiligkeit. Aber sie ist grundverschieden. Im einen Fall ist das Wesen von Heiligkeit Unantastbarkeit, im anderen Fall Hingabe. Im einen Fall werden die Menschen auf Abstand gehalten und auf sich selbst zurückgeworfen, im anderen Fall werden sie in die Nähe gelassen und in die Gemeinschaft mit Gott hineingeholt.

Das Joch der Gottesherrschaft auf sich zu nehmen, ist eine Losung pharisäischer Theologie, die Freude am Gesetz machen, aber auch die Anstrengung der Arbeit an einem Leben der Gesetzeserfüllung verdeutlichen soll.

Das Joch Jesu ist leicht – nicht weil er weniger anspruchsvoll wäre; die Bergpredigt zeigt eher das Gegenteil. Das Joch Jesu ist leicht, weil er die Bürde der menschlichen Schuld, die Not des Alltags, die Last der Angst, das Kreuz des Leidens für die Menschen auf sich nimmt, um sie zu entlasten und wieder aufrecht gehen zu lassen.

Jesus selbst ist »sanft und demütig«; er verzichtet auf Gewalt. Er ist friedfertig – auch wenn er Streit führt. Er macht sich zum Knecht – weil er der Herr ist. Die Haltung der Bergpredigt schreibt er nicht vor, ohne sie vorzuleben. Jesus ist nicht harmlos und nicht unterwürfig; er verkörpert die Güte Gottes; er lebt die Zuneigung Gottes zu den Menschen. Deshalb können Menschen aufatmen, wenn sie sich in den Dienst der Gottesherrschaft stellen, indem sie Jesus nachfolgen.

Ohne dass Gott, der Vater, ihm »alles« gegeben hätte, könnte Jesus nicht Hoffnung auf die Gottesherrschaft machen. Er könnte keinen Glauben fordern; er dürfte niemanden so an sich binden, wie er es in seinem Nachfolgeruf tut. Weil ihm Gott, der Vater, »alles gegeben« hat, kann Jesus den Menschen die Last ihrer Schuld, die Bürde ihres Sterbens abnehmen.

Dass ihm Gott, der Vater, »alles gegeben« hat, führt Jesus dazu, dass er den Menschen alles gibt: am Ende sein Leben, das kein Ende nimmt.

21 Mt 12,38–42: Das verweigerte Zeichen

[12,38]Da entgegneten ihm einige der Schriftge-
lehrten und Pharisäer: Meister, wir wollen von
dir ein Zeichen sehen. [39]Er aber erwiderte
ihnen: Ein böses und ehebrecherisches Ge-
schlecht fordert ein Zeichen, aber es wird ihm
kein Zeichen gegeben werden als das Zeichen
des Propheten Jona. [40]Denn wie Jona drei Tage
und drei Nächte im Bauch des Seeungeheuers
war, so wird der Menschensohn drei Tage und
drei Nächte im Herzen der Erde sein. [41]Die
Männer von Ninive werden beim Gericht gegen
dieses Geschlecht auftreten und es verurteilen.
Denn sie haben sich auf die Predigt des Jona
hin bekehrt. Hier aber ist mehr als Jona. [42]Die
Königin des Südens wird beim Gericht gegen
dieses Geschlecht auftreten und es verurteilen.
Denn sie kam von den Enden der Erde, um die
Weisheit Salomos zu hören. Hier aber ist mehr
als Salomo.

Jesus hat sich keinem Wunsch von Kranken und ihren Begleitern, ihren Freunden und Angehörigen verweigert, zu helfen und zu heilen – auch wenn es die heidnische Kanaanäerin einige Überredungskünste gekostet hat, ihn dahin zu bringen, ihre kranke Tochter gesund zu machen (Mt 15,21–28). Aber wo und wann immer Jesus ein Zeichen setzen soll, um seine Messianität zu demonstrieren, lehnt er das Ansinnen rundheraus ab.

Ist das unbarmherzig? Hätte es Jesus seinen Gegnern und Anhängern durch ein Beglaubigungswunder nicht einfacher machen können?

Nach Dtn 13 beweist ein Wunder gar nichts – nur ob er die Ehre Gottes vergrößert oder schmälert, macht den Unterschied zwischen einem wahren und einem falschen Propheten aus. Nach Dtn 18 muss das Wort eines Propheten eintreffen; seine Vorhersagen müssen stimmen; andernfalls ist er ein Lügenprophet.

An beiden Kriterien will Jesus sich messen lassen. Aber ein Zeichen, das nur der Demonstration eigener Macht und Stärke, eigener Messianität und Gottessohnschaft diente, würde alles zerstören. Jesus ist ja nicht um seiner selbst willen der Messias, sondern um der Menschen willen, denen er Gott bringen will. Das geforderte Zeichen muss er also verweigern, wenn er der verheißene Prophet wie Mose (Dtn 18,15.18) ist. Die Verweigerung dient dazu, populäre Messiaserwartungen zu durchkreuzen und Bahn zu schaffen für die Art und Weise, wie Jesus die Rolle des Messias deutet.

Die Verweigerung eines Zeichens ist aber die Kehrseite seiner prophetischen Zusage. Jesus kündigt das »Zeichen des Jona« an. Der Prophet, »der drei Tage und drei Nächte im Bauch des Walfisches« verbracht hat, bevor er wieder an Land gespuckt worden war, verweist auf den Menschensohn, der drei Tage im Grab, im Bauch der Erde, verbringen wird, bevor er neu zum Leben ersteht. Jona ist der Prophet, der geflohen ist, weil er Angst hatte, in Ninive, der Hauptstadt des Erbfeindes Babylon, die Menschen zur Umkehr zu rufen – und der später unwillig wird, weil Gott kein Strafgericht hält, nachdem die Niniviten in Sack und Asche gegangen sind. Jesus ist der Prophet, der sterben muss, weil er die Umkehrbotschaft in Israel ausrichtet, den aber Gott auferwecken wird, damit allen Völkern die Lehre Jesu nahegebracht wird.

Jesus ist »mehr als Jona«; er ist »mehr als Salomo«. Denn er ist, was weder Jona noch Salomo zu sein beanspruchten: der prophetische und königliche Messias, als solcher Anziehungspunkt für die Völker und Ausgangspunkt für die weltweite Mission.

22 Mt 13,1–9: Der Sämann

13,1 An jenem Tage verließ Jesus das Haus und
setzte sich an den See. 2 Große Volksscharen
sammelten sich um ihn; deshalb stieg er in ein
Boot und setzte sich, während das ganze Volk
am Ufer stand. 3a Und er sprach lange zu ihnen
in Gleichnissen.
3b Er sprach: Ein Sämann ging aus, um zu
säen. 4 Als er säte, fiel einiges auf den Weg, und
die Vögel kamen und fraßen es auf. 5 Wieder
anderes fiel auf steinigen Grund, wo es nicht
viel Erdreich hatte. Und es schoss rasch auf,
weil es kein tiefes Erdreich fand. 6 Als aber die
Sonne aufging, wurde es versengt, und weil es
keine Wurzel hatte, verdorrte es. 7 Anderes aber
fiel unter die Dornen, und die Dornen wuchsen
auf und erstickten es. 8 Anderes schließlich fiel
auf gutes Erdreich und brachte Frucht, teils
hundertfach, teils sechzigfach, teils dreißig-
fach. 9 Wer Ohren hat, der höre!

Die Gleichnisrede Jesu (Mt 13) setzt das Wort Gottes ins Bild und wie es ihm ergeht, wenn es verkündet wird. Nach Matthäus sind die Gleichnisse nur auf den ersten Blick leichte Kost. Sie treiben keine hohe Theologie, sie sind nicht abstrakt. Es sind Geschichten, die das Leben schreibt. Aber sie haben es in sich.

Denn allen, die sie hören und lesen, muten sie zu, einen Zusammenhang zu sehen, der alles andere als selbstverständlich ist: zwischen dem Leben der Menschen und der Gegenwart wie der Zukunft Gottes.

Jesus stellt – manchmal zugespitzt – Bilder aus der Erfahrungswelt seiner Hörerinnen und Hörer vor Augen, die ihnen irgendwie längst bekannt sind, die sie aber mit ganz neuen Augen betrachten können, weil Jesus – unerhört – behauptet, in diesen menschlichen Geschichten sei etwas von der Geschichte Gottes zu erkennen. Er behauptet damit zugleich, wer Gott neu zu sehen lernen wolle, müsse auf das Leben der Menschen achten, auf die Dramen des Alltags, auf Glücks- und Trauerfälle. Und er behauptet nicht zuletzt, er, Jesus, sei derjenige, der die Verbindung zwischen Gott und Mensch, zwischen Erdenreich und Himmelreich sichtbar macht. Deshalb sind es nach Matthäus gerade die Gleichnisse, die Diskussionen auslösen, wer dieser Jesus eigentlich ist und was er eigentlich will.

In der Form der Gleichnisse kommt besonders klar zum Vorschein, wofür Jesus gekommen ist: für die intensivste Berührung von Gott und Mensch, Diesseits und Jenseits, Zeit und Ewigkeit. Deshalb kommen durch die Gleichnisse auch die Vorbehalte besonders klar zum Ausdruck, die Menschen der

Begegnung mit Gott entgegenbringen: Sei es, weil sie der Wahrheit ihres Lebens nicht ins Auge sehen wollen; sei es, weil sie die Verkündigung der Nähe Gottes für eine Illusion halten; sei es, weil sie eine Verletzung der Heiligkeit Gottes befürchten, wenn Gott so an einen Menschen gebunden wird, wie das Evangelium Jesu Christi sagt.

Die Probleme des Verstehens, die Jesus mit seiner gesamten Verkündigung und auch mit seinen Gleichnissen aufdeckt und zuspitzt, bespricht er im Gleichnis vom Sämann, das eine lange Reihe von Gleichnissen eröffnet und programmatischen Charakter hat.

Wie in seiner Vorlage bei Markus lässt Matthäus auf das Gleichnis zwei Reflexionsschritte folgen: Zuerst antwortet Jesus auf die Frage seiner Jünger, weshalb er denn überhaupt Gleichnisse erzähle; dann gibt er selbst eine ausführliche Deutung des Sämanngleichnisses. Die Exegese rechnet mit einer längeren Entstehungsgeschichte dieses Dreiklangs; aber Matthäus hat einen Akkord komponiert, der die Grundmelodie Jesu akzentuieren soll.

Die Worte zum Sinn der Gleichnisrede (Mt 13,10–17; vgl. Mk 4,10–12) irritieren; denn sie besagen, dass die Gleichnisse alle Menschen, die sich nicht von Jesus ins Geheimnis der Gottesherrschaft einführen lassen, nicht etwa zum Verstehen, sondern in die Verstockung führen, also in den Widerspruch gegen Gott. Allerdings dient das nach dem Matthäusevangelium nicht ihrer Verwerfung, sondern ihrer Erlösung: Denn die Gleichnisse offenbaren den Widerspruch gegen Gott, wie Jesus ihn verkündet, damit dieses Nein von innen heraus überwunden werden kann.

Die anschließende Auslegung irritiert ebenso. Denn sie bezieht Punkt für Punkt die Bilder der Gleichnisgeschichte auf negative Missionserfahrungen, die nicht nur Jesus, sondern auch seine Jünger gemacht haben, und verfällt doch nicht in Resignation, sondern hält an der Hoffnung auf die große Ernte fest – bei Matthäus Jahrzehnte, heute zwei Jahrtausende nach der Verkündigung Jesu (Mt 13,18–23; vgl. Mk 4,13–20).

Sowohl das Gleichnis als auch die Auslegung setzen bei einer normalen Figur und einem alltäglichen Vorgang an: Ein Bauer streut seinen Samen auf das Feld. Das geschah in Palästina, soweit wir wissen, nicht vor dem Pflügen, wie es heute Stand der Technik ist, sondern nach dem Pflügen. Nur so erklärt sich, was weiter passiert. Das Gleichnis baut einen Kontrast zwischen Verlust und Gewinn auf, indem es sich am Kreislauf des Jahres orientiert. Der Blick richtet sich zuerst dreimal auf Verluste beim Säen: Einiges Korn wird sofort aufgepickt, anderes kann keine hinreichend tiefen Wurzeln schlagen, wieder anderes wächst zwar hoch, wird aber von Dornen erstickt. In jedem Fall trägt der Same keine Frucht. Dem steht aber entgegen, dass es am Ende doch zu einer Ernte kommt. Eine Ähre hat knapp 30 Körner. So erklären sich die Zahlen am Schluss.

Das Sämann-Gleichnis arbeitet mit dem Gegensatz von starken Verlusten, die zunächst in die Augen springen, und einem alles überragenden Gewinn, der am Schluss das Auge erfreut. Es liegt nahe, dieses Gleichnis von vornherein auf den zu beziehen, der es erzählt: auf Jesus und sein Evangelium. So verstanden, arbeitet das Gleichnis bei den einen Enttäuschungen auf, weil sie mit all ihrer Mühe, das Evangelium zu verbreiten und die Keime der Gottesherrschaft zu legen, erfolglos bleiben, während andere, die vielleicht allzu sicher sind, dass Jesus nie und nimmer Erfolg haben wird, irritiert werden sollen. Die Pointe: Ende gut, alles gut. Das ist die Logik des kommenden Himmelreiches.

In der Auslegung (Mt 13,18–23) werden – nachträglich oder nicht – plausible Gründe genannt, weshalb die Verkündigung nicht fruchtet. Die Antwort: An der Qualität des Samens liegt es nicht, aber an der Beschaffenheit des Bodens. Es gibt die Verständnislosen; es gibt die Augenblicksmenschen, die im Moment Feuer und Flamme sind, aber schnell die Lust verlieren; es gibt die Sorgenvollen, die zwar guten Willens sein mögen, aber im Kampf ums Dasein das Wort Gottes aus den Augen verlieren. All das gibt es – fruchtlos bleibt die bäuerliche Arbeit nicht: Am Ende steht die reiche Ernte.

23 Mt 14,15–21: Die Speisung des Volkes

14,15 Als es Abend geworden war, kamen die
Jünger zu Jesus und sagten: Die Gegend ist ein-
sam und es ist schon spät geworden. Entlasse
also die Scharen, damit sie in die Dörfer gehen
und sich etwas zu essen kaufen. 16 *Doch Jesus*
sagte zu ihnen: Sie brauchen nicht fortzuge-
hen. Gebt ihr ihnen zu essen! 17 *Sie antworte-*
ten: Wir haben nichts hier als fünf Brote und
zwei Fische. 18 *Er aber sprach: Bringt sie mir*
her. 19 *Dann ließ er die Scharen sich im Gras la-*
gern, nahm die fünf Brote und die zwei Fische,
blickte zum Himmel auf, sprach das Segensge-
bet, brach die Brote und gab sie den Jüngern;
die Jünger aber reichten sie den Volksscharen;
20 *und alle aßen und wurden satt. Die übrig ge-*
bliebenen Brocken sammelte man auf, zwölf
Körbe voll. 21 *Die gegessen hatten, waren etwa*
fünftausend Männer, ohne Frauen und Kinder.

Zweimal erzählt Matthäus (wie Markus) von einer großen Volksspeisung, die Jesus veranlasst hat (Mt 14,15–21; 15,32–39). Die Moderne rätselt, wie »die wunderbare Brotvermehrung« vonstatten gegangen sein mag – und verfällt meistens auf eine ethische Deutung: »Wenn jeder gibt, was er hat, dann werden alle satt.« Jesus hätte ein Wunder der Moralität gewirkt: Er habe mit seinen Jüngern das Wenige, was sie hatten, zu teilen begonnen – und dann wäre die Menschen seinem Vorbild gefolgt.

Davon erzählt Matthäus aber nichts, wie die anderen Evangelisten auch. Jesus hat von Anfang an den Hunger des Volkes im Sinn, den er stillen will, wie er es in der Bergpredigt gesagt hat: »Selig, die hungern und dürsten nach der Gerechtigkeit; denn sie werden gesättigt werden« (Mt 5,6). Der Hunger nach Gerechtigkeit ist nicht der nach einem abstrakten Wert, sondern nach einem Leben, das die elementaren Bedürfnisse aller Menschen befriedigt und den Überschuss gerecht verteilt.

Die Speisung des Volkes ist eine Veranschaulichung der Bergpredigt und ihrer Seligpreisungen. Sie stellt nicht Forderungen, sondern handelt von Geschenken. Man kann ihr durchaus einen moralischen Sinn abgewinnen; er wäre dann dort zu suchen, wo das Sprichwort sagt: Geteilte Freude ist doppelte Freude. Aber die Geschichte kann nur deshalb andeuten, was passiert, wenn Menschen miteinander teilen, weil sie erzählt, was passiert, wenn Gott mit ihnen das Leben teilt. »Alle aßen und wurden satt« – das ist die gute Nachricht. Sie macht Geschmack auf mehr.

Matthäus hat die Rolle der Jünger betont. Sie sind die Mittelsmänner zwischen Jesus und dem Volk. Sie sollen, sagt Jesus, dem Volk zu essen geben – und müssen doch bekennen, dass sie selbst aber auch nicht ansatzweise genug haben, um die Menschen aus ihren eigenen Vorräten zu versorgen. Aber Jesus macht aus dem Wenigen, das sie haben, viel: mehr als genug für alle. Die Jünger teilen aus, was sie von Jesus empfangen – das ist ein Bild der Kirche, wie Matthäus sie gesehen hat.

Jesus vollführt keinen Zaubertrick, sondern konzentriert sich auf Gott: Er betet. Matthäus spricht in der Speisungsgeschichte von der Macht des Gebetes. Jesu Gebet ist erhört worden. Wie es erhört worden ist, erzählt der Evangelist nicht. Diese Offenheit macht die Geschichte anfällig für Kritik – und macht ihren Reiz aus. Es ist klar, dass sie nicht nur für ein herausragendes Ereignis in der Geschichte Jesu steht, sondern für das Geschenk, das Gott seinem Volk mit Jesus macht und das Jesus durch die Hand seiner Jünger austeilt. Die Kirchenväter haben meist an die Eucharistie gedacht, nicht ohne Grund. Aber wahrscheinlich war Matthäus noch offener: Jesus spendet das Brot des Lebens in jeder Gestalt.

24 Mt 14,22–33:
Der Seewandel

14,22 Sofort nötigte er die Jünger, in das Boot zu
steigen und ihm ans andere Ufer vorauszufah-
ren, während er selbst die Scharen entließ.
23 Nachdem er die Volksscharen entlassen hatte,
stieg er allein auf den Berg, um zu beten. Als es
Abend geworden war, befand er sich dort allein.
24 Das Boot aber war schon viele Stadien vom
Land entfernt und wurde von den Wellen be-
drängt; denn es hatte Gegenwind. 25 Um die
vierte Nachtwache kam er auf sie zu; er ging auf
dem See. 26 Als ihn die Jünger über den See kom-
men sahen, entsetzten sie sich, weil sie meinten,
es sei ein Gespenst, und sie schrien vor Angst
auf. 27 Er aber redete sie sogleich an und sagte:
Habt Vertrauen, ich bin es. Fürchtet euch nicht!
28 Da antwortete ihm Petrus: Herr, wenn du es
bist, so befiehl, dass ich auf dem Wasser zu dir
komme. 29 Er sagte: Komm! Da stieg Petrus aus
dem Boot und ging über dem Wasser auf Jesus
zu. 30 Als er aber den Wind bemerkte, fürchtete
er sich und begann zu sinken. Er schrie: Herr,
rette mich! 31 Sogleich streckte Jesus die Hand
aus, ergriff ihn und sagte zu ihm: Du Kleingläu-
biger, warum hast du gezweifelt? 32 Und als sie
ins Boot gestiegen waren, legte sich der Wind.
33 Die Jünger im Boot aber fielen vor ihm nieder
und sagten: Wahrhaftig, du bist Gottes Sohn.

Der Seewandel ist nach der Speisung gleich die zweite absolut unwahrscheinliche Geschichte, die Matthäus, seiner Vorlage bei Markus folgend, erzählt. Die Perspektive ist aber eine andere. Während die Volksspeisung auf der großen Bühne spielt, vor aller Augen, ist der Seewandel eine Geschichte zwischen Jesus und seinen Jüngern. Matthäus hat diesen Zug noch dadurch herausgearbeitet, dass er über Markus hinaus, vom Seewandel, vom Versinken und von der Rettung des Petrus erzählt.

Das Hauptverb in Vers 25 gibt die Richtung der ganzen Geschichte vor: Jesus »kam ... auf sie zu«. Wie die Jünger ihn sehen und wie sie auf sein Entgegenkommen reagieren – das ist die ganze Geschichte.

Ihre erste Reaktion ist Angst und Schrecken. Denn sie erkennen ihn nicht, sondern halten ihn für ein »Gespenst«, auf Griechisch: ein Phantasma, ein Fantasieprodukt, die Projektion ihrer geheimen Furcht oder ihres heimliches Wunsches – Grund zum Misstrauen so oder so. Das Erste, was Jesus tun muss, ist deshalb, sich zu identifizieren. Er tut es, indem er mit einer Betonung »Ich« sagt, wie sie dem Alten Testament zufolge im Vollsinn nur Gott zukommt, der als Einziger völlig mit sich identisch ist.

Petrus versteht das – und will seinerseits Jesus entgegenkommen, über das Wasser und auf sein Wort hin. Jesus geht darauf ein: Mit seinem »Komm!« will er nicht einen Testlauf veranstalten, sondern seinen Nachfolgeruf erneuern. Petrus kann über das Wasser gehen – wenn er auf Jesus schaut und hört. Er versinkt, wenn er sich dem Gegenwind überlässt. Aber er wird gerettet und von Jesus ins sichere Boot geholt.

Die Symbolik der Geschichte ist unübersehbar. Sie ist auch von Matthäus ausgebaut worden. Was immer im historischen Hintergrund gestanden haben mag – eine mystische Erfahrung der Jünger, eine Begebenheit zwischen Himmel und Erde: Matthäus hat die Belastbarkeit des Vertrauens auf Jesus gezeigt und einen Begriff in den Mittelpunkt gestellt, den er aus der Redenquelle kennengelernt hat: Kleinglaube. Dieser Kleinglaube ist der Glaube der Jünger. Er ist Glaube, weil er glauben will; er ist Kleinglaube, weil er sich an der Menschlichkeit der Menschen bricht. Dieser Glaube wird von Jesus provoziert und kritisiert, gehalten und gestärkt.

25 Mt 16,13–25: Das Bekenntnis des Petrus

16,13*Als Jesus in die Gegend von Cäsarea Phi-*
lippi kam, fragte er seine Jünger: Für wen hal-
ten die Leute den Menschensohn? 14*Sie ant-*
worteten: Die einen für Johannes den Täufer,
andere für Elija, andere wieder für Jeremia
oder sonst einen der Propheten. 15*Da sprach*
er zu ihnen: Ihr aber, für wen haltet ihr mich?
16*Da antwortete Simon Petrus: Du bist der*
Messias, der Sohn des lebendigen Gottes.
17*Jesus antwortete ihm: Selig bist du, Simon,*
Sohn des Jona; denn nicht Fleisch und Blut
haben dir das offenbart, sondern mein Vater
im Himmel. 18*Ich aber sage dir: Du bist Petrus*
und auf diesen Felsen werde ich meine Kirche
bauen, und die Pforten der Hölle werden sie
nicht überwältigen. 19*Ich werde dir die Schlüs-*
sel des Himmelreichs geben; was du auf Erden
binden wirst, das wird auch im Himmel ge-
bunden sein, und was du auf Erden lösen wirst,
das wird auch im Himmel gelöst sein. 20*Darauf*
schärfte er den Jüngern aufs Strengste ein, nie-
mand zu sagen, dass er der Messias sei.

21*Von da an begann Jesus seinen Jüngern zu*
erklären, er müsse nach Jerusalem gehen und
von den Ältesten, Hohepriestern und Schrift-

gelehrten vieles erleiden; er werde getötet,
aber am dritten Tage auferweckt werden. 22*Da*
nahm ihn Petrus auf die Seite und fing an, ihm
Vorhaltungen zu machen; er sagte: Das ver-
hüte Gott, Herr! Niemals darf dir das wider-
fahren! 23*Er aber wandte sich um und sagte zu*
Petrus: Hinweg von mir, Satan! Ein Ärgernis
bist du für mich. Denn du denkst nicht die Ge-
danken Gottes, sondern die der Menschen.

24*Dann sagte Jesus zu seinen Jüngern: Wer*
mir nachfolgen will, der verleugne sich selbst,
nehme sein Kreuz auf sich und folge mir nach.
25*Denn wer sein Leben retten will, wird es ver-*
lieren. Wer aber sein Leben verliert um mei-
netwillen, der wird es finden.

Petrus ist der Erste der Jünger Jesu. Er ist der Erstberufene; er ist der Erste in der Liste der Zwölf. Er ist der Sprecher der Jünger; er ist auch der Fels, auf dem Jesus die Kirche errichtet. Er ist aber gleichfalls auch der erste Versager unter den Jüngern. Man kann das eine vom anderen nicht trennen.

Matthäus hat bei Markus schon vom Messiasbekenntnis des Simon Petrus gelesen, von der Leidensankündigung des Menschensohnes, vom Widerspruch des Jüngers, vom Satanswort und vom Ruf Jesu in die Kreuzesnachfolge (Mk 8,27–35). Im Wesentlichen hat er diese Vorgabe bewahrt und weitergegeben. Aber das Felsen- und das Schlüsselwort hat er hinzugefügt, wohl aus einer anderen Überlieferung. Dadurch hat er der Szene in Caesarea Philippi eine ungeheure Bedeutung für die Kirche gegeben; zugleich hat er den Spannungsbogen, der die Szene zusammenhält, noch größer als Markus werden lassen.

Jesus fragt die Jünger, für wen die Menschen ihn halten, und dann, für wen sie selbst ihn halten. Das Jesus-Bild der Menge, das die Jünger beschreiben, ist sehr positiv: Jesus ist ein Prophet wie Johannes der Täufer, wie Jeremia. Aber Volkes Stimme sagt nicht alles. Dass Jesus ein Prophet ist, ein Visionär, ein Seher, der Gottes Wort verpflichtet ist, stimmt zweifellos. Aber Jesus füllt kein vorgegebenes Muster aus; er ist das Original.

Petrus geht als Sprecher der Jünger einen entscheidenden Schritt weiter: »Du bist der Christus, der Sohn des lebendigen Gottes« (Mt 16,16). Das ist das Grundbekenntnis der Kirche, vorgezogen vor Ostern, weil Jesus ein und derselbe ist und bleibt, als Irdischer und als Auferstandener.

Auf das Messiasbekenntnis antwortet Jesus zweifach: einerseits, an Petrus gewendet, mit der Seligpreisung, die durch das Felsen- und Schlüsselwort konkretisiert wird; andererseits, an alle gewendet, mit der ersten ausdrücklichen Vorhersage seines Leidens und seiner Auferstehung. Beides gehört zusammen; denn nur als derjenige, der bis in die Passion seiner Sendung treu bleibt und von Gott erhöht wird, kann Jesus die Seligpreisung in den Mund nehmen und auf die Zukunft seiner Kirche blicken, die er aufbauen wird.

Das doppelte Petruswort wird durch das Bekenntnis zum Messias ausgelöst. Aber es gibt kein Bekenntnis ohne Bekenner. Deshalb wechselt Jesus zum Du. Simon ist Petrus als der Bekenner; und die Kirche aller Zeiten ist auf Petrus gegründet, weil sie auf das Messiasbekenntnis gegründet ist, dessen berufener Sprecher er ist. Petrus ist der »Fels«, der wackelt, aber nicht fällt; die »Pforten der Hölle« werden die Kirche nicht überwältigen, wenn und weil sie auf Petrus gegründet ist, den Kleingläubigen, der von Jesus gehalten wird.

Dass Jesus dem Ersten seiner Jünger die Schlüsselgewalt übergibt, erklärt sich vor dem Hintergrund einer pharisäischen Tradition. In ihr geht es um die Vollmacht, das Gesetz verbindlich auszulegen und, wenn es nottut, disziplinarische Maßnahmen zu vollziehen, wie zum Beispiel eine Geldbuße aufzuerlegen, eine bestimmte Strafe zu verhängen oder für eine bestimmte Zeit aus der Synagogengemeinde auszuschließen, in extremen Fällen (wie es in der Zeit nicht unüblich war) auch eine körperliche Züchtigung zu veranlassen. In seiner Weherede geht Jesus auf diese Vollmacht ein – und wirft den Pharisäern und Schriftgelehrten vor, sie nicht weitherzig genug zu gebrauchen (Mt 23,13). Dadurch ist schon ein wichtiger Hinweis gegeben, wie sie von Petrus gebraucht werden soll: nicht um den Weg in den Himmel zu versperren, sondern um ihn zu öffnen. Das ergibt sich auch aus einer zweiten Parallelstelle: In der Gemeinderede sagt Jesus, dass alle Jünger die Vollmacht und die Aufgabe des Bindens und Lösens haben (Mt 18,18) – und zwar mit dem Ziel, wieder und wieder Sünden zu vergeben (Mt 18,21 f.). Petrus ist also nicht isoliert, sondern steht in der Gemeinschaft aller, die Jesus nachfolgen. Auch machen Petrus und die Jünger, die auf Erden binden und lösen, Gott keine Vorschriften; aber sie haben von Gott durch Jesus Vollmacht. Die Zusage Jesu, dass auch im Himmel gelöst und gebunden sei, was die Jünger auf Erden lösen und binden, zeigt, dass sie nicht nur das soziale Zusammenleben der Gläubigen regeln, sondern es in Verbindung mit Gott bringen – in der Weise, wie Gott nach Jesu Wort eine gläubige Bitte erhört: so dass es seinem Willen entspricht (Mt 18,19).

Nur hier in Caesarea Philippi nimmt Jesus das Wort »Kirche« in den Mund – und an der Parallelstelle Mt 18,18, wo man besser mit »Gemeinde« übersetzt. In keinem anderen Evangelium fällt das Stichwort. An dieser Stelle verdeutlicht es: Jesus sieht das Reich Gottes nicht ohne das Volk Gottes. »Seine«

Kirche ist die Gemeinschaft derer, die sich von ihm in Israel zur Nachfolge haben rufen lassen, auf dass nachösterlich auch die Völker hinzutreten können. Diese »Kirche« tritt nicht an die Stelle Israels; sie will nicht die Juden aus der Heilsgeschichte verdrängen. Ihre von Jesus herrührende Sendung ist es, die Hoffnung auf das vollendete Reich Gottes zu wecken und auf Erden den Frieden Gottes zu mehren – ein klares Kriterium zur Beurteilung der Kirche, ihrer Geschichte und ihrer Gegenwart.

Auf die Seligpreisung des Petrus folgt der Absturz auf dem Fuß, da er sich Jesus in den Weg stellen will, damit der Messias nicht den Weg des Leidens geht. Menschlich denke er, wirft Jesus ihm vor. Das ist kritisch gemeint, weil er zu gering von Gott denke. Aber wahrscheinlich ist Petrus in keinem Moment den meisten Menschen so nahe wie in diesem, da er Nein zum Leiden Jesu sagt. Warum »muss« der Menschensohn leiden? Weshalb sollen seine Jünger das akzeptieren? Ist es nicht ein Gebot der Menschlichkeit, Leiden zu minimieren, eigenes wie fremdes? Wer kann schon wollen, dass jemand anders sein Leben für das eigene Leben einsetzt?

Die Debatte um die Heilsnotwendigkeit des Todes ist seit damals voll entbrannt und bis heute nicht abgeebbt. »Muss« Jesus leiden, weil Gott seinen Tod fordert? Das wäre Blasphemie. Die Unausweichlichkeit des Leidens Jesu liegt vielmehr darin, dass er die Sache Gottes, die Sache der Gerechtigkeit, in einer Welt der Ungerechtigkeit und Gottlosigkeit vertritt – oder auch der allzu großen Gewissheit eines »Gottprotzes«, wie Elias Canetti ihn nennt, womöglich noch der allzu großen Ängstlichkeit, Gott nur nicht zu nahe zu treten, vielleicht auch nur der vermeintlichen Sicherheit, dass ein Messias niemals ein leidender, ein ausgelieferter, ein gekreuzigter Mensch sein kann. Jesus »muss« leiden, weil die Verkündigung und Verkörperung des Evangeliums Widerstand auslöst, gegen die Botschaft und den Boten, und weil der Bote genauso sanftmütig und friedfertig sein muss, wie diejenigen, die er seliggepriesen hat, um die Friedensbotschaft nicht zu verraten.

Gott ist für Jesus – und für Matthäus – derjenige, der aus dem Schlimmsten, dem unschuldigen Leiden des Menschensohnes, das Beste macht, die Erlösung der Täter durch das Opfer, das sich mit allen Opfern identifiziert und die Schuld aller Täter auf sich nimmt.

26 Mt 17,1–13: Die Verklärung Jesu

17,1 Nach sechs Tagen nahm Jesus Petrus, Jako-
bus und dessen Bruder Johannes beiseite und
führte sie auf einen hohen Berg. 2 Und er wurde
vor ihren Augen verwandelt; sein Angesicht
strahlte wie die Sonne, seine Gewänder aber
wurden weiß wie das Licht. 3 Da erschienen
ihnen Mose und Elija, die mit ihm redeten. 4 Pe-
trus nahm das Wort und sagte zu Jesus: Herr,
es ist gut, dass wir hier sind. Wenn du willst,
werde ich hier drei Hütten bauen, dir eine,
Mose eine und Elija eine. 5 Während er noch re-
dete, überschattete sie eine leuchtende Wolke
und eine Stimme aus der Wolke sprach: Dies
ist mein geliebter Sohn, an dem ich Gefallen ge-
funden habe; auf ihn sollt ihr hören! 6 Als die
Jünger das hörten, warfen sie sich auf ihr An-
gesicht nieder und fürchteten sich sehr. 7 Da
trat Jesus zu ihnen, rührte sie an und sagte:
Steht auf und fürchtet euch nicht. 8 Als sie aber
aufblickten, sahen sie niemand als Jesus al-
lein.

9 Während sie vom Berge herabstiegen,
gebot ihnen Jesus: Erzählt niemand von dem,
was ihr gesehen habt, bis der Menschensohn
von den Toten auferweckt worden ist. 10 Da

fragten ihn die Jünger: Warum sagen denn die Schriftgelehrten, zuerst müsse Elija kommen?
11*Er antwortete und sprach: Gewiss, Elija kommt und wird alles wiederherstellen.* 12*Ich sage euch aber: Elija ist schon gekommen, doch sie haben ihn nicht erkannt, sondern mit ihm gemacht, was sie wollten. Das Gleiche wird auch der Menschensohn durch sie erleiden.* 13*Da verstanden die Jünger, dass er zu ihnen von Johannes dem Täufer sprach.*

Es ist ein Geschehen am siebten Tag, ein Datum außerhalb der gewöhnlichen Zeit und oberhalb der Mühen der Ebene, in denen sich das normale Leben vollzieht. Jesus hat von Anfang bis Ende die Initiative. Ausgewählten drei Jüngern will er sich zeigen, wie sie ihn noch nie gesehen haben. Wenn man nach einer historischen Basis sucht, wird man bei einer Vision der Jünger Jesu landen. Aber Matthäus ist – wie Markus und Lukas – überzeugt: Der Mensch Jesus ist Gottes Sohn. Unten auf Erden zeigt er sein wahres menschliches Antlitz; er redet und hört, sieht und zeigt, er leibt und lebt. Aber in diesem Menschen von Fleisch und Blut ist Gott unter den Menschen. Der Glanz seiner Herrlichkeit strahlt nicht erst seit der Auferstehung, sondern schon im irdischen Leben, wenn auch nicht immer und überall, so doch in diesem ganz besonderen Moment.

Die Kirchenväter haben sich mit der Verklärungsgeschichte immer wieder beschäftigt, und immer wieder haben sie betont, dass es nicht nur das Gipfelerlebnis gibt, sondern auch die Notwendigkeit – und Beschwerlichkeit – des Aufstiegs wie die Notwendigkeit – und noch größere Beschwerlichkeit – des Abstiegs. Jesu Leben endet nicht auf dem Berg der Verklärung, sondern auf dem Berg von Golgotha, nicht in der Apotheose eines Helden, sondern mit der Klage eines leidenden Gerechten, über die Gott nicht ungerührt hinweggeht.

Aber mitten im Leben gibt es schon den Vorgeschmack der Ewigkeit. Ihn spüren die drei ausgewählten Jünger. Sie sollen schweigen, bis der Menschensohn von den Toten auferstanden ist, weil erst dann der Zusammenhang deutlich wird, in dem die Verklärung steht.

Jesus wird von zwei prophetischen Gestalten flankiert: Elija, der mit Johannes dem Täufer verbunden wird, und Mose, mit dem die Verheißung eines neuen Propheten verbunden ist, der Israel dazu bringen wird, das Gesetz zu erfüllen: »Einen Propheten wie mich wird dir der Herr, dein Gott, aus der Mitte deiner Brüder erstehen lassen; auf ihn sollt ihr hören« (Dtn 18,15; vgl. v. 18).

Die Stimme Gottes aus dem Himmel wiederholt sein Wort aus dem Himmel über dem

Jordan. Allerdings nicht wortwörtlich, sondern auf die neue Situation bezogen. Jesus ist der geliebte Sohn Gottes, der – wie David, der ideale Autor der Psalmen – auf dem Königsthron Gottes sitzt (Ps 2). Aber während bei der Taufe Jesu der Nachsatz auf das Verkündigungswerk des Gottesknechtes verwiesen hat, ruft hier die Himmelsstimme die Erinnerung an die Verheißung des Mose wach: »Auf ihn sollt – oder besser: werdet – ihr hören!« Zum Schluss des Deuteronomiums, des fünften Buches Mose, wird vom Redaktor ausdrücklich notiert, bis jetzt sei die Verheißung noch nicht wahrgemacht worden. Matthäus ist der Überzeugung, dass Jesus derjenige ist, der sie erfüllt, und damit eine ganz neue Entdeckungsreise zum Sinn des Gesetzes anführt.

27 Mt 20,1–16: Die Arbeiter im Weinberg

20,1 *Denn mit dem Himmelreich ist es wie mit
einem Gutsherrn, der früh am Morgen ausging,
um Arbeiter für seinen Weinberg einzustellen.*
2 *Er vereinbarte mit den Arbeitern einen Denar
für den Tag und schickte sie in seinen Wein-
berg.* 3 *Als er um die dritte Stunde wieder aus-
ging, sah er andere untätig auf dem Markt ste-
hen* 4 *und sagte zu ihnen: Geht auch ihr in
meinen Weinberg, und ich werde euch geben,
was recht ist.* 5 *Und sie gingen hin. Um die
sechste und neunte Stunde ging er noch einmal
aus und machte es ebenso.* 6 *Als er um die elfte
Stunde ausging, fand er wieder andere, die da-
standen, und sagte zu ihnen: Was steht ihr hier
den ganzen Tag untätig herum?* 7 *Sie antworte-
ten ihm: Weil uns niemand eingestellt hat.*

*Da sagte er zu ihnen: Geht auch ihr in den
Weinberg.* 8 *Als es nun Abend geworden war,
sagte der Herr des Weinbergs zu seinem Ver-
walter: Ruf die Arbeiter und zahle ihnen den
Lohn aus; fange bei den Letzten an bis zu den
Ersten.* 9 *Da kamen die von der elften Stunde
und erhielten je einen Denar.* 10 *Als nun die Ers-
ten kamen, meinten sie, sie würden mehr be-
kommen. Aber auch sie erhielten je einen*

Denar. [11]*Und als sie ihn erhalten hatten, murrten sie gegen den Gutsherrn* [12]*und sagten: Diese Letzten da haben eine Stunde gearbeitet, und du hast sie uns gleichgestellt, die wir die Last des Tages getragen haben und die Hitze.* [13]*Er aber erwiderte einem von ihnen: Freund, ich tue dir kein Unrecht. Hast du nicht mit mir einen Denar vereinbart?* [14]*Nimm das Deine und geh! Ich will aber diesem Letzten dasselbe geben wie dir.* [15]*Oder darf ich mit dem Meinen nicht tun, was ich will? Oder ist dein Auge böse, weil ich gut bin?* [16]*So werden die Letzten die Ersten sein und die Ersten die Letzten.*

Das große Thema Jesu nach dem Matthäusevangelium ist die Gerechtigkeit. Aber was ist gerecht? In den Augen Gottes und der Menschen? Ist es gerecht, Sünder büßen zu lassen oder ihre Schuld zu vergeben? Ist es gerecht, die Fülle des Segensbechers auszugießen oder Tröpfchen für Tröpfchen abzuwarten, ob der Trinker auch zu schätzen weiß, was ihm angeboten wird?

Das Gleichnis von den Arbeitern im Weinberg baut den Widerspruch, den Jesus mit seiner Botschaft von der Barmherzigkeit Gottes gerade bei den Gerechten ausgelöst hat (und auslöst), in die Erzählung ein. Die Geschichte geht sicher an die Grenze des eben noch Wahrscheinlichen oder sogar noch darüber hinaus. Aber in Palästina gab es Tagelöhner noch und noch, die von der Hand in den Mund lebten. Sie brauchten einen Denar pro Tag zum Überleben. Und es gab Arbeitslose noch und noch, die sich nicht gedrückt, sondern den lieben langen Tag schlicht und einfach keine Arbeit gefunden haben. Es herrschte vielfach große Not.

Diese Situation stellt Jesus seinen Hörern vor Augen, raffiniert erzählt, auf Effekt hin komponiert. Ein Denar, der übliche, als gerecht angesehene Lohn, wird mit den Ersten ausgemacht – und der Besitzer des Weinberges wird sich konsequent daran halten. Später heißt es aber, »was recht ist«, solle gegeben werden. Und was ist gerecht?

Darüber gibt es Streit im Weinberg des Herrn. Er wird offen ausgetragen, weil Jesus die Geschichte so erzählt, dass die zuletzt Angeheuerten zuerst entlohnt werden, vor den Augen derer, die den ganzen Tag geschuftet haben. Diese wollen mehr haben. Sie wollen nicht mit denen gleichgestellt werden, die nur eine Stunde gearbeitet haben.

Hier liegt das Problem. Sie verkennen zweierlei: dass auch diejenigen, die vorher keiner gedungen hatte, den einen Denar für diesen Tag zum Leben brauchen, und dass der Besitzer sich an die Abmachung mit ihnen hält (und nicht etwa ihren Lohn kürzt, weil er mehr Ausgaben als kalkuliert hat).

Die Lösung des Gerechtigkeitsproblems liegt in zweierlei: in der Güte und in der Macht des Weinbergbesitzers. Er kann mit dem, was ihm gehört, tun, was er will. Und er will, dass auch die zur elften Stunde Angeworbenen Geld genug für diesen Tag erhalten. Mehr als der gerechte Lohn, von dem man leben kann, ist in der Gleichnisgeschichte niemanden versprochen worden. Aber es wäre ungerecht, Menschen hungern zu lassen, die keine Arbeit finden konnten.

An dieser Stelle wird die Geschichte zum Gleichnis: zum Bild für Gott und seine Gerechtigkeit. Was Jesus verspricht, ist der Lohn, der zum Leben ausreicht. Diesen Lohn zahlt Gott allen, die sich zur Arbeit im Weinberg – ein altes Symbol für Israel – haben rufen lassen, egal, wie früh oder spät sie den Ruf zur Mitarbeit gehört haben. Wer damit ein Problem hat, bekommt ein Problem mit Gott. Und Jesus erzählt die Geschichte, um zu werben, dass diejenigen, die sich eher mit denen identifizieren würden, die den ganzen Tag über im Schweiße ihres Angesichts gearbeitet haben, nicht neidisch auf diejenigen sind, die auch denselben Lohn des Lebens erlangen, obwohl sie erst viel später mit angepackt haben. Das ist die himmlische Gerechtigkeit.

28 Mt 21,1–11: Der Einzug in Jerusalem

21,1 Als sie sich Jerusalem näherten und nach
Betfage am Ölberg kamen, sandte Jesus zwei
Jünger voraus. 2 Er sagte zu ihnen: Geht in das
Dorf, das vor euch liegt, und gleich werdet ihr
eine Eselin angebunden finden und ein Fohlen
bei ihr. Bindet sie los und bringt sie mir. 3 Und
wenn jemand etwas zu euch sagt, so antwor-
tet: Der Herr braucht sie. Dann wird er sie so-
gleich freigeben. 4 Dies ist geschehen, damit
sich das Wort des Propheten erfüllte: 5 Sagt
der Tochter Zion: Sieh, dein König kommt zu
dir; er ist sanftmütig und reitet auf einer Ese-
lin und auf einem Fohlen, dem Jungen eines
Lasttiers.

6 Die Jünger gingen hin und taten, wie Jesus
ihnen aufgetragen hatte. 7 Sie brachten die Ese-
lin und das Fohlen, legten ihre Mäntel darüber,
und er setzte sich darauf. 8 Eine sehr große
Volksmenge breitete ihre Kleider auf den Weg
aus, andere hieben Zweige von den Bäumen
und streuten sie auf den Weg. 9 Die Scharen
aber, die ihm vorausgingen und nachfolgten,
riefen: Hosanna dem Sohn Davids! Gepriesen
sei er, der kommt im Namen des Herrn! Ho-
sanna in der Höhe!

*10 Als er in Jerusalem einzog, kam die ganze Stadt in Bewegung und sagte: Wer ist das?
11 Die Scharen antworteten: Das ist der Prophet Jesus aus Nazaret in Galiläa.*

Jesus zieht als König in Jerusalem ein – als äußerst merkwürdiger König. Er sitzt nicht auf einem hohen Ross, wie es die Reiterstandbilder der griechischen und römischen Herrscher darstellen, sondern auf einem Esel, dem Tier der Bauern aus Israel, dem Tier der uralten Geschichten von den Anfängen des Königtums in Israel, dem Reittier Davids und Sauls, als sie noch klein gewesen sind und kaum begonnen hatten, ihre Herrschaft zu errichten (1 Sam 16,20). Der Esel ist das Reittier auch eines Königs, den der Prophet Sacharja geschaut hat: Ein König des Friedens komme, sanftmütig und gerecht, der Jerusalem und Israel den Frieden bringe. Das ist eine Prophetie des Messias.

Häufig liest man, dass im Judentum der Messias vor allem der – mehr oder weniger militante – Befreier vom Joch der Besatzer sei, der eine Art Gottesstaat errichten würde, während der Messias des Wortes, der Liebe und Barmherzigkeit ganz auf die Seite Jesu und des Christentums rücke.

Das ist ein Zerrbild. In Wahrheit hat das Judentum der Zeit Jesu ein breites Spektrum verschiedener Bilder des Messias. Das Bild des Sacharja ist ein besonders ausdrucksstarkes. Der Messias bringt den Frieden Gottes nach Israel und dadurch zu allen Völkern (Sach 9,9–17). In späteren Kapiteln wagt der Prophet sogar, einen leidenden Messias als Erlöser zu zeigen (Sach 12,1–13,1). Für Jesus und seine Anhänger ist diese Prophetie Sacharjas sehr wichtig. Sie passt zur Haltung und zum Geschick Jesu, zu seiner Sanftmut und zur Gewalt, die er leidet. Sein Einzug in Jerusalem ist nicht der Triumphzug eines heiligen Imperators, sondern der Auftakt der Passion, die ihn ans Kreuz führt, über dem geschrieben steht: »Jesus von Nazaret, König der Juden«.

Die Menge, sagt Matthäus, ist ganz auf der Seite Jesu. Er wird freudig begrüßt als der »Sohn Davids«, der Gottes Herrschaft bringt – mit Worten des Psalters (Ps 118,25 f.). Er gilt – wie nach der Meinung, die Jesus in Caesarea Philippi erfragt hat – als Prophet. Das ist gut gemeint. Aber zur Erfahrung Israels gehört auch das Leidensgeschick vieler Propheten (Neh 9,25). Es wird Jesus nicht erspart bleiben.

29 Mt 21,12–16: Die Öffnung des Tempels

[21,12]*Jesus ging in den Tempel und trieb alle, die im Tempel verkauften und kauften, hinaus, stieß die Tische der Geldwechsler und die Sitze der Taubenverkäufer um* [13]*und sagte zu ihnen: Es steht geschrieben: Mein Haus soll ein Haus des Gebetes genannt werden. Ihr aber macht es zu einer Räuberhöhle.* [14]*Und Lahme und Blinde kamen zu ihm in den Tempel und er heilte sie.* [15]*Als aber die Hohepriester und Schriftgelehrten die Wunder sahen, die er wirkte, und die Kinder, die im Tempel riefen: Hosanna dem Sohn Davids!, da wurden sie zornig* [16]*und sagten zu ihm: Hörst du, was die da rufen? Jesus aber sagte zu ihnen: Gewiss. Habt ihr noch nie gelesen: Aus dem Mund der Unmündigen und Säuglinge hast du dir Lob bereitet?*

Nach Matthäus geht Jesus bei seinem Einzug in Jerusalem direkt zum Tempel. Auf dem Weg vertreibt er die Händler. Sein Ziel hat er erst erreicht, als er Lahme und Blinde auf dem Tempelgelände heilt und Kinder um sich hat, die immer noch das Hosanna rufen, wie die Menge es getan hat, als Jesus die Stadt betreten hat. Den Höhepunkt bildet ein Wort aus der Bibel Israels, aus dem Psalm mit der klassischen Frage: »Was ist der Mensch, dass du seiner gedenkst?« (Ps 8). In der griechischen Version sind es Säuglinge und Unmündige, die das Gotteslob erschallen lassen, weil Gott selbst sie inspiriert, es zu tun.

Auch für Jesus gilt: Kindermund tut Wahrheit kund. Er will, dass Kinder einen Ort im Heiligtum Gottes haben – so wie er Gott gedankt hat, sein Geheimnis gerade den Kindlichen offenbart zu haben (Mt 11,25), und wie er Kinder zu sich gelassen hat, obwohl die Jünger es ihnen verwehren wollten (Mt 19,13–15). Matthäus erzählt die Tempelaktion Jesu nicht wie eine »Reinigung« oder als prophetisches Zeichen seines kommenden Untergangs, sondern als eine Art Tempelbesetzung, die das Heiligtum von Jerusalem umfunktioniert und zu einem Ort macht, an dem das Himmelreich, wie Jesus es sieht, schon anfänglich verwirklicht ist: durch die Heilung von Kranken, durch die Anwesenheit von Kindern, durch das Lob Gottes, durch das Wort der Heiligen Schrift.

Dass Gott des Menschen gedenkt, ist das große Staunen des Psalms; dass Jesus dieses Gedächtnis unauslöschlich neu stiftet, ist die Botschaft des Matthäus.

Auf dem Weg muss er Kritik üben – im Stile des Propheten Jeremia, den er mit einem seiner Worte harscher Tempelkritik zitiert (Jer 7,11): Eine Räuberhöhle sei aus dem Haus Gottes geworden, so der Vorwurf des alttestamentlichen Propheten, weil zwar ein prächtiger Kult gefeiert wird, aber die elementarsten Regeln der Gerechtigkeit gebrochen werden. Jesus führt diese Kritik weiter: Er vertreibt die Händler nicht deshalb, weil sie mit der Frömmigkeit ein Geschäft machten – das ist eine antijüdische Stereotype der Auslegung ohne historische Basis. Die Händler sind nötig, damit überhaupt ein Opfer dargebracht werden kann. Die Vertreibung der Händler unterbricht, und sei es nur für einen Moment, den Ritus der immer neuen Opfer, von dem der Tempel lebt. Das Heiligtum, wie Jesus es antrifft, ist ein Ort, an dem die Gerechtigkeit Gottes, wie Jesus sie sieht, nicht gefördert, sondern behindert wird. Deshalb ist es eine Räuberhöhle. Der Tempel, wie er von den Sadduzäern organisiert wird, stellt sich dem Reich der Himmel in den Weg.

Er soll aber nach demselben Prophetenwort ein Haus des Gebetes sein. Dazu macht Jesus ihn, indem er den Kindern Anlass gibt, Hosanna zu rufen, und seinen Kritikern gegenüber mit Psalm 8 erklärt, das sei die Weise, in der alles zur größeren Ehre Gottes geschieht.

30 Mt 23,1–12: Die Weherede

*23,1Darauf sagte Jesus zu den Volksscharen
und zu seinen Jüngern: 2Auf dem Lehrstuhl des
Mose sitzen die Schriftgelehrten und Pharisäer.
3Darum tut und befolgt alles, was sie euch
sagen; nach ihren Werken aber richtet euch
nicht; denn sie reden zwar, handeln aber nicht
danach. 4Sie binden schwere Lasten zusam-
men und laden sie den Menschen auf die
Schultern, selbst aber wollen sie keinen Finger
krümmen, um sie zu bewegen. 5Mit allem, was
sie tun, wollen sie sich vor den Menschen zur
Schau stellen. Sie machen ihre Gebetsriemen
breit und ihre Mantelquasten lang, 6lieben den
Ehrenplatz bei den Gastmählern, die ersten
Sitze in den Synagogen, 7die Begrüßungen auf
den Marktplätzen und lassen sich von den Leu-
ten Rabbi (Meister) nennen.*

*8Ihr aber sollt euch nicht Rabbi nennen las-
sen, denn nur einer ist euer Meister, ihr alle
aber seid Brüder. 9Auch sollt ihr niemand unter
euch auf der Erde Vater nennen, denn nur
einer ist euer Vater, der im Himmel. 10Auch
Lehrer sollt ihr euch nicht nennen lassen, denn
nur einer ist euer Lehrer: Christus. 11Der
Größte unter euch soll euer Diener sein. 12Wer
sich selbst erhöht, wird erniedrigt, und wer sich
selbst erniedrigt, wird erhöht werden.*

Die Endzeitrede (Mt 23–25), seine letzte große Rede im Matthäusevangelium, beginnt Jesus mit einem vielfachen Wehe an die Adresse der Pharisäer und Schriftgelehrten. Es ist das Wehe eines Propheten, der Kritik übt an der Haltung und am Handeln religiöser Autoritäten und androht, es gebe keine Rettung ohne das Gericht.

Matthäus hat dieses Wehe erheblich verstärkt. Es ist bei ihm Ausdruck der Kritik Jesu an einer Praxis der Gesetzesauslegung, die es den Menschen unnötig schwer macht, zu Gott zu finden (Mt 23,13), weil sie keine Hierarchie der Wahrheiten mit dem Liebesgebot an der Spitze kennt, sondern sich auf eine Fülle und Breite an Einzelvorschriften stützt, die irgendwie alles als gleich wichtig erscheinen lassen, mag es auch nur um den Zehnten von Minze, Dill und Kümmel gehen (Mt 23,23).

Die Weherede hat aber von Anfang an Zwischentöne. Zum einen sagt Jesus, dass auch die Jünger von den Pharisäern und Schriftgelehrten lernen können. Er kritisiert zwar Heuchelei, bezeugt aber eine rabbinische Tradition, dass es eine »Sukzession« auf dem Lehrstuhl des Mose gebe, besetzt von kompetenten Rechtsgelehrten und gedacht zur fortlaufenden Aktualisierung und Auslegung des Gesetzes. Das Gesetz ist für die Jünger Jesu verbindlich, so auch die pharisäische Exegese – unter der Voraussetzung, dass sie nicht den

Rechtsfehler begehen, das Gesetz durch eine falsche Auslegung zu einer untragbaren Last zu machen. Anders formuliert: Jesus, wie er bei Matthäus lehrt, pauschalisiert zwar seine Vorwürfe an die Adresse der Pharisäer; aber das ist dem polemischen Potenzial der Gattung geschuldet. Hinter dem harten Wehe steht auch eine Anerkennung derjenigen Pharisäer, die das Gesetz so auslegen, dass »Gerechtigkeit, Barmherzigkeit und Glaube« an die erste Stelle rücken (Mt 23,23). Davon können alle Christen lernen, betont Matthäus, nicht nur die aus dem Judentum.

Zum anderen sieht Jesus die Jünger Jesu ebenso in der Gefahr der Heuchelei wie die Pharisäer. »Einer« ist Lehrer – nämlich der Messias, der für den einen Gott eintritt, der nach dem Taufbefehl Mt 28,18 f. Vater, Sohn und Heiliger Geist ist. Bei der gesamten Weherede müssen sich die Jünger immer sagen: tua res agitur, in den Worten der Bergpredigt: »Was siehst du den Splitter im Auge deines Bruders, doch den Balken in deinem eigenen Auge bemerkst du nicht?« (Mt 7,3). Diese Selbstkritik ist letztlich christologisch begründet. Jesus, der Sohn Gottes, ist es, der sich selbst erniedrigt hat, um aller Diener zu sein; er ist auch gewiss, erhöht zu werden. So ist er Vorbild seiner Jünger – und weit mehr als das: der Erlöser, der die Tür zum Himmelreich öffnet.

31 Mt 24,29–31: Die Apokalypse

24,29 *Gleich nach der Bedrängnis jener Tage
wird sich die Sonne verfinstern und der Mond
wird seinen Schein nicht mehr geben; die
Sterne werden vom Himmel fallen und die
Kräfte des Himmels erschüttert werden.*
30 *Dann wird das Zeichen des Menschensohnes
am Himmel erscheinen; alle Völker der Erde
werden wehklagen und sie werden den Men-
schensohn mit großer Macht und Herrlichkeit
auf den Wolken des Himmels kommen sehen.*
31 *Er wird seine Engel mit lautem Posaunen-
schall aussenden und sie werden seine Auser-
wählten aus allen vier Windrichtungen sam-
meln, vom einen Ende des Himmels bis zum
anderen.*

Im Zentrum der Endzeitrede greift Matthäus eine Vorlage des Markus auf. Jesus prophezeit die Zerstörung des Tempels, die zur Abfassungszeit des Matthäusevangeliums schon geschehen sein wird, aber er warnt immer wieder davor, diese geschichtliche Katastrophe oder andere Notfälle schon für das Ende der Welt zu erklären und entsprechend Panik zu verbreiten. Zwischen der Not, dem Unglück und dem Verbrechen in der Geschichte einerseits und dem Untergang ganz am Ende der Welt gibt es zwar einen Zusammenhang; Jesus prägt das Bild der »Wehen«: Sie sind Vorzeichen der Schmerzen, ohne die es keine Geburt gibt, so wie die Glücksmomente Vorzeichen des ewigen Lebens sind, auch wenn es den Tod noch gibt.

Wenn aber das Ende der Zeit kommt, wird alles neu. Ob man es irgendwann einmal auf der Zeitachse punktgenau markieren kann, ist eine Frage, die von der Theologie im Gespräch mit den Naturwissenschaften und der Philosophie diskutiert werden muss. Sicher gibt es aber in jedem kreatürlichen Leben einen definitiven Endpunkt: den Tod. Nach dem Neuen Testament gibt es auch ein definitives Ende der Welt, so wie es einen definitiven Anfang gegeben hat; nur so kann es einen neuen Anfang geben, ein ewiges Leben, ein vollendetes Reich der Himmel. Die Physik rechnet aus, wann das All den Wärmetod stirbt. Die Bibel setzt darauf, dass die Zeit in Gottes Händen steht.

Das Weltende beschreibt Jesus auch bei Matthäus mit erschütternden Bildern. Die Welt gerät aus den Fugen; die schöne Ordnung, die Gott ihr nach der Genesis gegeben hat, geht dahin. Die Sterne fallen vom Himmel. Bis in die Gedichte des Expressionismus hinein ist die poetische Kraft der apokalyptischen Bilder ungebrochen; ihre Wirkung ist nach wie vor stark, kein Katastrophenfilm kommt ohne sie aus.

Dennoch ergeht Jesus sich nicht in einem Horrorszenario. Vielmehr beschreibt er, wie die Welt noch einmal zur Bühne für den Menschensohn wird. Nach Matthäus hat Jesus sich bereits in seinem irdischen Leben als »Menschensohn« identifiziert: in seiner Vollmacht und in seinem Leiden. Hier taucht die Gestalt dort auf, wo sie die jüdische Endzeiterwartung sieht: beim Ende der Welt, wo der »Menschensohn« als Sachwalter der Gottesherrschaft und als Richter im Auftrag Gottes kommen wird. So wie der Hoheitstitel »Menschensohn«, der Jesus ganz nah bei Gott und bei den Menschen sieht, vom Endzeitgeschehen in die Geschichte des Lebens und Sterbens Jesu übertragen wird, so wird umgekehrt in der Endzeitrede deutlich, dass der kommende Menschensohn die Sendung Jesu vollendet: alle zu sammeln, die Gott retten will. Vielen macht der Jüngste Tag Angst; hier zeigt sich, dass er im Gegenteil ein Tag der Hoffnung ist. Er ist der Tag des Gerichts. Aber die Reihenfolge der Motive zeigt, wie das zu verstehen ist: Die Sammlung geschieht nicht zur Verwerfung, sondern das Gericht dient der Rettung.

Zum Schluss der Weherede vergleicht Jesus sich – die Weisheit Israels im Sinn – nach einem Wort aus der Redenquelle (vgl. Lk 13,33 f.) mit einer Henne, die ihre Küken sammelt, um sie unter ihren Flügeln zu bergen (Mt 23,37). Dieses schöne Bild steht in einem unschönen Zusammenhang: der Verwerfung Jesu und der Zerstörung des Tempels, die Jesus im gleichen Atemzug prophezeit (Mt 23,37 f.). Aber die Rede schließt unmittelbar vor der Apokalypse Jesu positiv: Es wird ein zweites, ein letztes, ein endgültiges »Hochgelobt sei, der da kommt im Namen des Herrn« angestimmt werden (Mt 23,39) – auch von denen, die womöglich nach dem Hosianna des Einzugs Jesu in Jerusalem das »Kreuzige ihn« gerufen haben. Dieses Loblied wird dem Menschensohn gesungen werden, wenn er kommt – und als Jesus wiederkommt.

Die apokalyptische Vision Jesu nimmt diese Spannung auf. Der Menschensohn wird aktiv; er sendet seine Engel (das griechische Wort heißt auf Deutsch: Boten) aus, so wie er seine Jünger ausgesandt hat; und so wie die alle »verlorenen Schafe des Hauses Israel« (Mt 10,4) sammeln und später alle Völker zur Taufe führen sollten (Mt 28,16–20), so werden am Ende, wenn kein Mensch mehr irgendetwas für sich und andere tun kann, die Engel ausschwärmen, um im Auftrag des Menschensohnes alle zu suchen und zu finden, die Gott erwählt hat, um sie zu retten.

Wie viele das sind und ob es irgendwelche Menschen gibt, die Gott nicht für sein Reich bestimmt hat oder die sich letztlich seinem

Ruf verweigern – darüber gibt es im Neuen Testament keinerlei Spekulationen. Entscheidend ist: Auf der ganzen Welt werden sie sich finden lassen; aus allen Himmelsrichtungen werden sie geholt werden. Das ist die entscheidende Aufgabe des Menschensohnes am Ende aller Tage. Es ist deshalb die Vollendung der Sendung Jesu von Nazaret.

32 Mt 25,31–46: Das Weltgericht

[25,31]*Wenn der Menschensohn in seiner Herrlich-*
keit kommt und alle Engel mit ihm, dann wird er
sich auf den Thron seiner Herrlichkeit setzen.
[32]*Und alle Völker werden vor ihm versammelt*
werden und er wird sie voneinander scheiden,
wie der Hirt die Schafe von den Böcken scheidet.
[33]*Er wird die Schafe zu seiner Rechten stellen,*
die Böcke aber zu seiner Linken. [34]*Dann wird*
der König zu denen auf seiner Rechten sagen:
Kommt, ihr Gesegneten meines Vaters, nehmt
das Reich in Besitz, das euch seit Grundlegung
der Welt bereitet ist. [35]*Denn ich war hungrig und*
ihr habt mir zu essen gegeben; ich war durstig
und ihr habt mir zu trinken gereicht; ich war
fremd und ihr habt mich aufgenommen; [36] *ich*
war nackt und ihr habt mich bekleidet; ich war
krank und ihr habt mich besucht; ich war im Ge-
fängnis und ihr seid zu mir gekommen. [37]*Da wer-*
den ihm die Gerechten antworten: Herr, wann
sahen wir dich hungrig und haben dir zu essen
gegeben oder durstig und haben dir zu trinken
gegeben? [38]*Wann haben wir dich als Fremden*
gesehen und aufgenommen oder nackt und dich
bekleidet? [39]*Wann haben wir dich krank oder im*
Gefängnis gesehen und sind zu dir gekommen?
[40]*Und der König wird ihnen antworten: Amen,*
ich sage euch: Was immer ihr einem dieser mei-

ner geringsten Brüder getan habt, das habt ihr mir getan. [41]Dann wird er auch zu denen auf der Linken sprechen: Hinweg von mir, Verfluchte, in das ewige Feuer, das dem Teufel und seinen Engeln bereitet ist. [42]Denn ich war hungrig, und ihr habt mir nicht zu essen gegeben; ich war durstig und ihr habt mir nicht zu trinken gegeben; [43]ich war fremd und ihr habt mich nicht aufgenommen; ich war nackt und ihr habt mich nicht bekleidet; ich war krank und im Gefängnis und ihr habt mich nicht besucht. [44]Dann werden auch sie antworten und sagen: Herr, wann haben wir dich hungrig oder durstig oder als Fremden oder nackt oder krank oder im Gefängnis gesehen und haben dir nicht geholfen? [45]Da wird er ihnen antworten: Amen, ich sage euch: Was immer ihr einem dieser Geringsten nicht getan habt, das habt ihr auch mir nicht getan. [46]Und sie werden weggehen, diese zur ewigen Strafe, die Gerechten aber in das ewige Leben.

Während im 24. Kapitel des Matthäusevangeliums die Endzeitrede mit der Heilsvision des Menschensohnes endet, der alle Auserwählten Gottes sammelt, tragen im 25. Kapitel drei Gleichnisse das Thema des Jüngsten Gerichts nach. Ohne dass Gott sein Urteil fällte, könnte nicht von vollendeter Gerechtigkeit gesprochen werden: Freilich ist das »Gericht« selbst ein Gleichnis: ein Bild dafür, dass Gott Gerechtigkeit walten lässt, ohne dass aber der Unterschied zwischen der irdischen und der himmlischen Gerechtigkeit verschliffen werden dürfte.

Die drei Gleichnisse in Mt 25 sind deshalb auch keine prophetischen Protokolle kommender Ereignisse; sie heben vielmehr bestimmte Aspekte des Endgerichts hervor, indem sie Bilder aus dem irdischen Leben, auch aus dessen Grenzbereich, für diese Wirklichkeit an der Grenze zwischen Himmel und Erde, Zeit und Ewigkeit prägen.

Das erste Gleichnis von den klugen und törichten Jungfrauen (Mt 25,1–13) fordert dazu auf, sich für eine längere Wartezeit zu rüsten. Das zweite Gleichnis von den Talenten (Mt 25,14–30) fordert dazu auf, die gegebene Zeit zu nutzen und das Beste aus der Situation zu machen, indem die Gaben, die verliehen sind, ausgenutzt werden.

Das dritte Gleichnis, vom Weltgericht, nennt die Kriterien, nach denen geurteilt werden wird (Mt 25,31–46). Es ist aus zwei Bildern zusammengesetzt, dem des Hirten und dem des Königs. Beide Bilder sind Archetypen; beide sind in der Tradition Israels – und der Völker – eng verbunden; beide sind transparent für Gott, und in diesem Fall für seinen Gesandten, den Menschensohn, mit dem Jesus sich identifiziert hat.

Beim Hirten wird diesmal nicht die Aufgabe genannt, die das Gleichnis vom verlorenen Schaf benennt, das Sammeln (Mt 18,12 ff.), sondern die komplementäre Funktion, die auch zum Hüten gehört, das Scheiden. Ohne dass Schafe und Böcke getrennt werden, kann die Herde nicht wachsen. In der Welt der Bibel Israels und des Evangeliums Jesu ist schnell durchsichtig, dass mit den Schafen und den Böcken Menschen gemeint sind, die vor Gott stehen.

Das Bild des Königssohnes, der als Richter fungiert, lässt hervortreten, nach welchen Kriterien unterschieden wird. Alle werden davon überrascht sein. Die Überraschung besteht aber nicht darin, dass irgendetwas Abseitiges, das man nie hätte ahnen können, auf einmal über Leben und Tod entscheidet, sondern etwas Altbekanntes, von dem alle irgendwie wissen können, dass es gut und richtig ist. Es handelt sich um die im Judentum, aber auch außerhalb der Bibel vielfach bezeugten »Werke der Liebe«: Taten der Barmherzigkeit, die von keinem Gesetz dieser Welt gefordert werden können, aber getan werden müssen, damit die Welt nicht zur Hölle wird: Hungernde speisen, Nackte kleiden, Obdachlose beherbergen, Kranke pflegen, Gefangene besuchen. Die Überraschung liegt darin, dass in den Liebeswerken, die getan werden, um Not zu lindern, eine entscheidende Begegnung mit dem Menschensohn, letztlich mit Gott, geschieht oder verweigert wird. Die Liebeswerke gewinnen ihre endgültige Bedeutung dadurch, dass Gott sich – im Menschensohn – mit den Hungernden, den Nackten, den Fremden, Kranken und Gefangenen in ihrer Not identifiziert. »Ich war nackt … und fremd … und krank und im Gefängnis« – das sagt derjenige, der mit ihnen und für sie gelebt hat und gestorben ist.

Das Gleichnis vom Weltgericht gibt keine Prognose ab, dass fünfzig Prozent der Menschheit verdammt und fünfzig Prozent gerettet werden. Es ist ein Gleichnis. Als solches mahnt es den Ernst des Lebens an und traut sich – weil Jesus spricht – einen Einblick in Gottes Gerechtigkeit zu. Am Ende bleibt es offen, welche Überraschungen Gott noch denen bereiten wird, die mit der traurigen Wahrheit konfrontiert werden, wann sie anderen die Liebe verweigert haben, auf die jene angewiesen waren. Bleibt man im Bild, könnte zu den Überraschungen auch gehören, dass die Guten und die Bösen gar nicht so ohne weiteres auf die einen und die anderen Menschen verteilt werden können, sondern zwei Seiten in jedem Menschen sind.

Desto mehr muss sich alle Hoffnung auf die Gerechtigkeit Gottes richten – und auf den Menschensohn, der sich noch am Jüngsten Tag mit denen identifiziert, die nackt und fremd und krank sind und im Himmel noch kein Obdach haben.

33 Mt 26,20–29: Das Abendmahl

[26,20]Als es Abend geworden war, legte er sich
mit den zwölf Jüngern zu Tisch. [21]Und wäh-
rend sie aßen, sprach er: Amen, ich sage euch:
Einer von euch wird mich verraten. [22]Da wur-
den sie sehr traurig und begannen einer nach
dem anderen, ihn zu fragen: Ich bin es doch
nicht, Herr? [23]Er aber antwortete: Der mit mir
die Hand in die Schüssel getaucht hat, wird
mich verraten. [24]Zwar geht der Menschensohn
dahin, wie von ihm geschrieben steht. Weh
aber dem Menschen, durch den der Men-
schensohn verraten wird! Besser wäre es für
ihn, wenn er nie geboren wäre. [25]Da entgeg-
nete Judas, der ihn verriet: Ich bin es doch
nicht, Rabbi? Er sagte zu ihm: Du sagst es.

[26]Während des Mahls nahm Jesus Brot,
sprach das Segensgebet, brach es und gab es
den Jüngern mit den Worten: Nehmt, esst, das
ist mein Leib. [27]Dann nahm er einen Becher,
sprach das Dankgebet und gab ihnen mit den
Worten: Trinkt alle daraus. [28]Denn das ist
mein Blut des Bundes, das für viele vergossen
wird zur Vergebung der Sünden. [29]Ich sage
euch: Von nun an werde ich nicht mehr von der
Frucht des Weinstocks trinken bis zu dem Tag,
an dem ich mit euch von neuem davon trinke
im Reich meines Vaters.

Jesus hat zeit seines Lebens zahlreiche Gastmähler mit vielen Leuten gefeiert, mit Zöllnern und Sündern, auch mit seinen Kritikern, auf freiem Feld und unter festem Dach. Es sind sprechende Zeichen, dass Gottes Heil für alle da ist und dass alle einen Anknüpfungspunkt finden können, ihre Geschichte mit Gott, die Geschichte ihres Lebens, neu zu beginnen, so dass sie ins Himmelreich führt.

Das letzte Abendmahl verbreitet eine andere Stimmung. Jesus feiert es nach Matthäus im sicheren Wissen um seinen baldigen Tod: Er feiert es nicht mit einer großen Festgesellschaft, sondern im kleinen Kreis: mit den Jüngern, die ihm nach Jerusalem gefolgt sind, weil sie ihm glauben, auch wenn es nur ein Kleinglaube ist, den sie zuwege bringen. Die Vielen sind nicht ausgeschlossen; sie sind gegenwärtig, vertreten durch die Zwölf, die ganz Israel repräsentieren, und durch Jesus, der für sie sein Leben gibt und um ihres Heiles willen das Abendmahl feiert.

Nach Matthäus wählt Jesus die Form des Paschamahles. Es ist das Mahl, in dem Israel des Auszugs aus Ägypten gedenkt, der Befreiung aus dem Reich des Todes. Es ist ein hoch ritualisiertes Mahl, das zu Hause gefeiert wird, im Kreis der Familie. So auch das letzte Abendmahl. Jesus feiert es im Kreise seiner Familie, der Familie Gottes, die seine Jünger bilden.

Er feiert es in der Rolle des Familienoberhauptes, des Hausvaters und Gastgebers, obwohl er selbst nur Gast im Hause eines Jerusalemer Bürgers ist, der ihm den Raum zur Verfügung gestellt hat. Er feiert das Mahl mit zwei Gesten und zwei Worten, die an den Pascharitus anknüpfen, aber ihm eine neue Bedeutung verleihen – eine Bedeutung, die durch die Person und die Sendung Jesu bestimmt ist, der sich seinerseits mit Israel, seiner Geschichte und seiner Hoffnung identifiziert.

Jesus konzentriert sich auf zwei elementare Lebensmittel – Brot und Wein. Brot ist das Nahrungsmittel, um das man bitten soll (Mt 6,9–13); Wein ist das Genussmittel, das des Menschen Herz erfreut (Ps 104); beide sind die Gaben, die Melchisedek, der König von Jerusalem und Priester des höchsten Gottes, Abraham entgegenbringt (Gen 14,18).

Jesus nimmt Brot und Wein; er dankt und segnet; er gibt sie seinen Jüngern zum Essen und Trinken; es sind die dichtesten Momente der Mahlgemeinschaft, je in sich vollkommen und zusammen doppelt bedeutsam. Die Bedeutung verleiht Jesus ihnen mit seinen einfachen Worten der Deutung und des Gebens, so wie seine Worte keinen Sinn machten, ohne dass geschähe, was sie besprechen: das Geben und Nehmen von Brot und Wein.

Matthäus, der im Wesentlichen der Vorlage des Markusevangeliums folgt, überliefert die Worte Jesu: »Das ist mein Leib ... Das ist mein Blut ...«. Leib und Blut stehen für das »Ich« Jesu, für sein Leben als Mensch mit Leib und Seele, als Mensch von Fleisch und Blut.

Der Leib ist Jesus in seiner körperlichen Präsenz: dass er geboren wurde und aufgewachsen ist, dass er Bedürfnisse hat, Eindrücke empfängt und Erfahrungen macht, dass er hören, sehen, riechen, tasten, schmecken – und denken und beten kann; dass er Schmerz empfindet und Glück: Ohne einen Leib könnte Jesus nicht berührt werden und niemanden berühren. Die heutige Biologie, die Hirnforschung, die Medizin und Pharmazie – sie alle zeigen, wenn sie nicht ideologisch verzerrt, das heißt: materialistisch verengt werden, die Leibhaftigkeit des ganzen Menschen in noch viel größeren Dimensionen, als sie die biblischen Menschen haben sehen können.

Das Blut ist Jesus in der Empfindlichkeit seines Lebens, im Puls seines Strebens, im Pochen seines Herzens, im Prozess seines Sterbens, da er viel Blut verliert bei der Geißelung und – wie man heute weiß – durch einen Kreislaufstillstand am Kreuz sterben wird.

Jesus identifiziert sich voll und ganz mit diesem Brot und diesem Wein; sie sind sein Leib und sein Blut. Sie sind es zuerst in der Zeichensprache, die Jesus spricht und die bis heute die Liturgie der Eucharistie prägt. Sie sind es aber nicht nur in einer symbolischen, sondern in der realen Welt der Menschen vor Gott, weil sie vermitteln, was Jesus vermittelt – durch sein Leben und sein Sterben: das Heil der Gottesherrschaft. Worin dieses Heil besteht, klärt Jesus nach Matthäus ausdrücklich beim Becherwort. Er nimmt aus der Vorlage des Markusevangeliums das Stichwort »Bund« auf. »Blut des Bundes« ist ein Hinweis auf Ex 24, das Bundesopfer am Sinai. Das Bundesblut ist das Zeichen einer unlösbaren Beziehung Gottes zu seinem Volk, die auch durch Untreue und Verrat auf menschlicher Seite nicht enden wird. Mose besprengt das Volk mit dem Blut der Opfertiere; Jesus verwandelt den Wein in sein eigenes Blut. Mose stiftet den Bund Gottes mit Israel; Jesus löst diesen Bund nicht auf, wie man oft lesen kann, sondern bestätigt ihn in einer so eminenten Weise, dass er für die Gottesherrschaft gilt und deshalb auch für die Völker geöffnet werden wird.

Über die Markusvorlage hinaus spricht Jesus nach Matthäus auch explizit von der »Vergebung der Sünden«. Das ist in der Situation des Mahles, in der Gabe von Brot und Wein, in den Worten Jesu, im Motiv des Bundes, in der Bezugnahme auf Ex 24 angelegt. Es nimmt aber auch die Bedeutung des Jesusnamens aus Mt 1,21 auf: »Er wird sein Volk von seinen Sünden befreien.« Es zeigt den unlösbaren Zusammenhang seines – in aller Demut – vollmächtigen Wirkens und seines – in aller Ohnmacht – kraftvollen Sterbens. Was er dem Glauben hat zusagen können, die Vergebung der Sünden, weil Gott ihn dazu gesandt hat, bewahrheitet er durch sein Sterben, das im Zuge seiner Sendung liegt. Und was er den Jüngern im Abendmahlsaal sagt, ist nichts wesentlich Neues, sondern die definitive Bestätigung dessen, was er im Grunde immer gesagt hat.

34 Mt 26,36–46: Das Gebet in Getsemani

26,36 *Darauf kam Jesus mit ihnen an ein Gehöft*
namens Getsemani und sagte zu den Jüngern:
Setzt euch hier, während ich dorthin gehe und
bete. 37 *Und er nahm Petrus und die beiden Ze-*
bedäussöhne mit sich und begann sich zu be-
trüben und zu verzagen. 38 *Da sagte er zu*
ihnen: Meine Seele ist betrübt bis in den Tod.
Bleibt hier und wacht mit mir! 39 *Dann ging er*
ein wenig weiter, warf sich auf sein Angesicht
nieder und betete: Mein Vater, wenn es mög-
lich ist, so gehe dieser Kelch an mir vorüber.
Doch nicht wie ich will, sondern wie du willst.
40 *Und er kam zu den Jüngern zurück und fand*
sie schlafend. Da sagte er zu Petrus: So konn-
tet ihr nicht eine Stunde mit mir wachen?
41 *Wacht und betet, damit ihr nicht in Versu-*
chung fallt! Der Geist ist zwar willig, das
Fleisch aber schwach. 42 *Wiederum ging er*
weg, zum zweiten Mal, und betete: Mein Vater,
wenn dieser Kelch nicht an mir vorübergehen
kann, ohne dass ich ihn trinke, so geschehe
dein Wille. 43 *Als er zurückkam, fand er sie wie-*
der schlafend; denn die Augen waren ihnen
schwer geworden. 44 *Da ließ er sie, ging noch-*
mals weg und betete zum dritten Mal mit den

gleichen Worten. [45]*Darauf kam er zu den Jüngern und sagte zu ihnen: Schlaft weiter und ruht! Seht, die Stunde ist gekommen, jetzt wird der Menschensohn in die Hände der Sünder ausgeliefert.* [46]*Steht auf, wir wollen gehen! Seht, der Verräter ist da.*

Am Anfang des öffentlichen Lebens Jesu steht die Versuchung, sich den Weg der Menschlichkeit zu ersparen. Am Ende des öffentlichen Lebens Jesu steht sein Ringen, den Weg des Leidens zu gehen, der sich vor ihm abzeichnet. Die Auseinandersetzung ist echt. Jesus hat wirklich Angst vor dem Sterben. Er sucht nicht den Tod; er will leben. Weil er ahnt und prophetisch weiß, was auf ihn zukommt, ist seine Seele »betrübt bis zum Tod« (vgl. Ps 42,6.12; 43,5). Weil er aber Gottes Sohn ist, flieht er nicht, sondern hält stand. Er betet.

Das Gebet in Getsemani ist ganz knapp und ganz tief. Es berührt sich stark mit dem Vaterunser: in der Anrede des Vaters, im Bekenntnis zur Macht und Herrschaft Gottes, in der Unterordnung unter seinen Willen. Aber es bestehen Unterschiede. Jesus braucht nicht um die Vergebung der Schuld zu bitten; er braucht keine Angst zu haben, in Versuchung geführt zu werden. Er betet als Sohn Gottes zu Gott, seinem lieben Vater. Er weiß, dass er ihn um die Verschonung vor dem Leiden bitten darf – und dass der Vater die Bitte erhören würde. Aber er weiß, dass es für ihn noch mehr gibt als seinen persönlichen Lebenswillen: den Heilswillen Gottes. Deshalb bejaht er das, was ihm auferlegt wird. Gott will nicht seinen Tod. Aber um der Treue zu seiner Sendung willen braucht er ihn nicht zu scheuen.

Nach Matthäus betet Jesus gleich zwei-, dreimal – so schwer ist es ihm, den bitteren Kelch des Leidens zu trinken, und so tief legt er sein Leben in Gottes Hand.

Die Jünger sind unfähig bis unwillig. Sie lassen Jesus im Stich. Sie wollen zwar, können aber nicht. Ihr Geist ist willig, aber ihr Fleisch ist schwach. Der Schlaf, der sie übermannt, nimmt ihr Versagen in der Passion vorweg. Auch um ihretwillen wird Jesus sterben – um sie aufzuwecken zum ewigen Leben. Er ist der Menschensohn, der in die Hände der Sünder ausgeliefert wird, aber die Hand nicht zur Faust ballt, sondern zum Gebet faltet.

35 Mt 26,57–75: Die Verleugnung Jesu

26,57 Jene aber, die Jesus festgenommen hatten,
führten ihn zum Hohepriester Kajaphas, wo
sich die Schriftgelehrten und Ältesten versam-
melt hatten. 58 Petrus folgte ihm von weitem bis
zum Hof des Hohepriesters, ging hinein und
setzte sich zu den Dienern, um zu sehen, wie
es ausgehen würde.

59 Die Hohepriester und der ganze Hohe Rat
suchten eine falsche Zeugenaussage gegen
Jesus, um ihn zum Tode verurteilen zu können,
60 fanden aber keines, obwohl viele falschen
Zeugen auftraten. Schließlich traten zwei auf
61 und behaupteten: Er hat gesagt: Ich kann
den Tempel Gottes niederreißen und in drei
Tagen wieder aufbauen. 62 Da erhob sich der
Hohepriester und sagte zu ihm: Antwortest du
nichts auf das, was diese gegen dich aussa-
gen? 63 Jesus aber schwieg. Da sagte der Hohe-
priester zu ihm: Ich beschwöre dich bei dem le-
bendigen Gott, sag uns: Bist du der Messias,
der Sohn Gottes. 64 Jesus antwortete ihm: Du
hast es gesagt. Ich sage euch: Von nun an wer-
det ihr den Menschensohn zur Rechten der
Macht sitzen und auf den Wolken des Himmels
kommen sehen. 65 Da zerriss der Hohepriester

sein Gewand und rief: Er hat gelästert! Was
brauchen wir noch Zeugen? Jetzt habt ihr die
Lästerung gehört. 66 Was ist eure Meinung? Sie
antworteten: Er ist des Todes schuldig.
67 Da spien sie ihm ins Gesicht und schlugen
ihn. Andere gaben ihm Ohrfeigen 68 und riefen:
Weissage uns, Messias: Wer hat dich geschla-
gen?
69 Petrus aber saß draußen im Hof. Da trat
eine Magd auf ihn zu und sagte: Auch du warst
bei Jesus, dem Galiläer. 70 Er aber leugnete vor
allen und sagte: Ich weiß nicht, was du meinst.
71 Als er aber in den Vorhof hinausgegangen
war, sah ihn eine andere und sagte zu denen,
die dort waren: Der da war bei Jesus, dem Na-
zoräer. 72 Er leugnete wiederum und schwor:
Ich kenne den Menschen nicht. 73 Nach einer
Weile kamen die Umstehenden hinzu und sag-
ten zu Petrus: Du bist bestimmt auch einer von
ihnen. Schon deine Sprache verrät dich ja.
74 Da fing er an, zu fluchen und zu schwören:
Ich kenne den Menschen nicht! Und sogleich
krähte ein Hahn. 75 Da erinnerte sich Petrus an
das Wort, das Jesus ihm gesagt hatte: Ehe der
Hahn kräht, wirst du mich dreimal verleugnen.
Und er ging hinaus und weinte bitterlich.

Jesus bekennt sich zu seiner Messianität – Petrus verleugnet ihn. Schärfer könnte der Kontrast nicht gezeichnet werden. Es gehört zur Ehrlichkeit aller Evangelien, dass des ersten

Jüngers schweres Versagen nicht verschwiegen wird. Petrus weint bittere Tränen der Reue; er verdankt es ganz allein Jesus, dass seine Geschichte mit Jesus nicht im Dunkel der Passionsnacht endet, sondern in der Helle des Ostertages neu beginnt.

Jesus wird der Prozess gemacht. Die Berichte der Evangelien gehen an dieser Stelle ziemlich weit auseinander. Hätte sich die Sache so abgespielt, wie Matthäus sie erzählt, hätte sich der Hohe Rat schwere Rechtsverstöße zuschulden kommen lassen. Matthäus hat sich darum wenig gekümmert. Er wollte offenbar klar und eindeutig herausarbeiten, dass es am Ende – bei allen Tricks – um die entscheidende Frage nach der Messianität Jesu gegangen sei.

An sich braucht ein Messias-Anspruch, der im frühen Judentum erhoben wird, kein Verurteilungsgrund zu sein. Aber wie Jesus diesen Anspruch nach Matthäus (und Markus) formuliert, ist doch klar, was auf dem Spiel steht: Jesus spricht von sich als Menschensohn, der vom Hohen Rat verurteilt, zur Rechten Gottes erhöht und mit den Engeln Gottes erscheinen wird. Hier geht es um die zentrale Frage der Identität Gottes und seines Verhältnisses zu Jesus. Der Hohepriester erkennt auf Gotteslästerung – der Evangelist will dieses Urteil im »längsten kurzen Prozess der Weltgeschichte« (Schalom Ben Chorin) als fatalen Fehler entdecken lassen. Ein Unschuldiger wird dem Tode ausgeliefert; der Messias wird von denen verkannt, die ihn am ehesten hätten erkennen sollen.

Der eigentliche Prozess wird noch folgen. Er findet vor Pilatus statt, dem zuständigen Richter. Nur er konnte ein Todesurteil verhängen und vollstrecken lassen. Als Richter ist er gefragt – und versagt. Obwohl er die Unschuld Jesu erkennt, verurteilt er ihn. Er versucht zwar seine Hände in Unschuld zu waschen (Mt 27,24) – aber das Blut Jesu bleibt an ihnen kleben. Das Volk hingegen schreit: »Sein Blut komme über uns unsere Kinder« (Mt 27,25) – aber dieses Blut ist ja das, das Jesus zur Vergebung der Sünden vergießt (Mt 26,26 f.).

36 Mt 27,1–10: Das Ende des Judas

[27,1]Als es Morgen wurde, fassten alle Hohe-
priester und Ältesten des Volkes den Beschluss
gegen Jesus, er solle getötet werden. [2]Sie ließen
ihn fesseln, abführen und übergaben ihn dem
Statthalter Pilatus.

[3]Als nun Judas, der ihn verraten hatte, sah,
dass er verurteilt war, ergriff ihn Reue. Er
brachte die dreißig Silberstücke den Hohe-
priestern und Ältesten zurück [4]und sagte: Ich
habe gesündigt; denn ich habe unschuldiges
Blut verraten. Sie aber sagten: Was geht das
uns an? Sieh du zu! [5]Da warf er die Silberstü-
cke in den Tempel, ging fort und erhängte sich.
[6]Die Hohepriester nahmen die Silberstücke
und sagten: Man darf sie nicht in den Tempel-
schatz tun; denn es ist Blutgeld. [7]Nachdem sie
Rat gehalten hatten, kauften sie davon den
Töpferacker als Begräbnisplatz für die Frem-
den. [8]Deshalb heißt dieser Acker Blutacker bis
auf den heutigen Tag. [9]So erfüllte sich, was
durch den Propheten Jeremia gesagt worden
ist: Sie nahmen die dreißig Silberstücke – der
Preis, den er den Söhnen Israels wert war –
[10]und gaben sie für den Töpferacker, wie es mir
der Herr aufgetragen hatte.

Judas ist der Dunkelmann der Heilsgeschichte. Die Christen haben sich von Anfang an schwergetan, ihm den Tod Jesu zu vergeben. Das Matthäusevangelium macht keine Ausnahme. Es erzählt mit nüchternen Worten, aber erkennbarem Ingrimm, dass Judas, der Jesus ans Messer geliefert hat und mit seiner Schuld nicht fertig geworden ist, sich aufgehängt habe.

Darin hat die christliche Tradition die Todsünde der Verzweiflung gesehen. Ob Petrus oder Judas schwerere Schuld auf sich geladen hätten, ist demnach nicht die Frage, sondern ob ein Mensch die Kraft aufbringt, in der Hoffnung auf göttliche Vergebung mit der Schuld zu leben oder ob er Gott, sei es den Willen, sei es die Liebe, sei es die Macht abspricht, Schuld zu vergeben.

Die Gestalt des Judas bleibt ein Rätsel. Das Neue Testament tut sich schwer mit ihm, aber nimmt ihn ernst, insofern es seine Schuld, seinen Verrat ernst nimmt. Ganz anders das apokryphe Judasevangelium aus den 3./4. Jahrhundert, das vor kurzem aus den antiken Quellen ediert worden ist. Ihm zufolge ist Judas der beste Freund Jesu, weil er ihm Sterbehilfe geleistet habe. Allerdings ist die Voraussetzung dieses bizarren Textes, dass Jesus nur zum Schein Mensch geworden sei und sich am Kreuz der lästigen Bürde seines Körpers habe entledigen wollen.

Matthäus erzählt vom Zynismus des Hohepriester, der Judas den Rest gegeben habe. Ob die Tränen der Reue, die er ebenso wie Petrus geweint hat, vergeblich geflossen sind oder am Ende doch auch noch getrocknet werden – das ist allein die Entscheidung Gottes und des Menschensohnes, den Judas auf dem Gewissen hat.

37 Mt 27,27–38: Der König der Juden

[27,27]Darauf nahmen die Soldaten des Statthal-
ters Jesus in das Prätorium mit und versam-
melten die ganze Kohorte um ihn. [28]Sie zogen
ihn aus, legten ihm einen scharlachroten Man-
tel um, [29]flochten eine Krone aus Dornen, setz-
ten sie ihm auf seinen Kopf und gaben ihm ein
Rohr in seine Rechte. Sie beugten die Knie vor
ihm, verspotteten ihn und riefen: Heil dir,
König der Juden! [30]Und sie spien ihn an, nah-
men das Rohr und schlugen ihn auf den Kopf.
[31]Nachdem sie ihn verspottet hatten, nahmen
sie ihm den Mantel ab und zogen ihm seine ei-
genen Kleider wieder an.

[32]Dann führten sie ihn ab, um ihn zu kreuzi-
gen. Auf dem Weg trafen sie einen Mann aus
Zyrene namens Simon; ihn zwangen sie, ihm
das Kreuz zu tragen. [33]Als sie an den Ort
kamen, den man Golgota nennt, das heißt
Schädelstätte, [34]gaben sie ihm Wein mit Galle
vermischt zu trinken. Er kostete davon, wollte
aber nicht trinken. [35]Nachdem sie ihn gekreu-
zigt hatten, verteilten sie seine Kleider unter-
einander, nachdem sie das Los darum gewor-
fen hatten. [36]Dann setzten sie sich nieder und
bewachten ihn.

[37] *Über seinem Kopf brachten sie eine Aufschrift an mit der Angabe seiner Schuld: Das ist Jesus, der König der Juden.* [38] *Zusammen mit ihm wurden zwei Räuber gekreuzigt, einer zur Rechten und einer zur Linken.*

Jesus ist als messianischer Friedenskönig in Jerusalem eingezogen; als »König der Juden« wird er inmitten zweier Verbrecher gekreuzigt. Das Kreuz dient nicht nur der grausamen Folter eines zum Tode Verurteilten, sondern auch seiner tiefen Demütigung und der Abschreckung aller Passanten. Für Matthäus aber ist der Kreuzestitulus ein verstecktes, unfreiwilliges Bekenntnis. Pilatus, der Heide, lässt zwar nicht »Israel«, sondern »Juden« schreiben; aber der Bezug auf den Messiastitel ist klar: Jesus ist der König am Kreuz, der Messias auf Golgota.

Die Kreuzesinschrift macht deutlich, weshalb Jesus von den Römern hingerichtet worden ist: weil man ihn als einen Aufrührer, einen politischen Messias, einen zelotischen Gotteskrieger hingestellt hat. Seine Sendung ist damit zutiefst verzerrt. Aber die Verzerrung setzt das Original voraus: den weltbewegenden Anspruch Jesu, sein messianisches Königtum, die Aufrichtung der Herrschaft Gottes.

Pilatus verurteilt Jesus zum Tod am Kreuz. Seine Soldaten treiben Hohn und Spott mit ihm. Sie wollen ihm seine Würde nehmen. Sie merken gar nicht, wie Recht sie haben, wenn sie ihn als Judenkönig grüßen.

38 Mt 27,39–50:
Der Tod Jesu

27,39 Die Vorübergehenden lästerten ihn, schüt-
telten den Kopf 40 und sagten: Der du den Tem-
pel niederreißen und in drei Tagen wieder auf-
bauen willst, rette dich selbst, wenn du der
Sohn Gottes bist, und steig herab vom Kreuz.
41 Ähnlich spotteten auch die Hohepriester, die
Schriftgelehrten und Ältesten 42 und sagten:
Anderen hat er geholfen, sich selbst kann er
nicht helfen. Er ist doch der König von Israel!
Er soll jetzt vom Kreuz herabsteigen, dann wol-
len wir an ihn glauben! Er hat auf Gott ver-
traut, 43 der soll ihn jetzt retten, wenn er Gefal-
len an ihm hat. Er hat ja gesagt: Ich bin Gottes
Sohn. 44 Ebenso schmähten ihn aber auch die
Räuber, die zusammen mit ihm gekreuzigt wor-
den waren.

45 Von der sechsten Stunde an aber kam eine
Finsternis über das ganze Land bis zur neun-
ten Stunde. 46 Und um die neunte Stunde rief
Jesus laut: Eli, eli, lema sabachtani?, das
heißt: Mein Gott, mein Gott, warum hast du
mich verlassen? 47 Als einige von den Umste-
henden das hörten, sagten sie: Er ruft Elija.
48 Sofort lief einer von ihnen hin, nahm einen
Schwamm, füllte ihn mit Essig, steckte ihn auf
ein Rohr und gab ihm zu trinken. 49 Die Übrigen
aber sagten: Lass, wir wollen sehen, ob Elija

kommt, um ihn zu retten. [50]*Da schrie Jesus noch einmal laut auf und gab den Geist auf.*

In der antiken Literatur gibt es keine ausführlicheren Berichte von einer Kreuzigung als die Passionsgeschichten der Evangelien. Es ist hart, zu hören, wie Jesus am Kreuz mit allem verspottet wird, was ihm heilig ist: mit dem Tempel Gottes; mit den drei Tagen der Wende aus dem Tod zum Leben; mit der Gottessohnschaft; mit dem Messiaskönig von Israel; mit dem Vertrauen auf Gott; mit dem Wohlgefallen, das der Vater am Sohn gefunden hat. Bis an die Schmerzgrenze und darüber hinaus mutet Matthäus den gläubigen Christen zu, die brutale Realität des Kreuzestodes Jesu im Gedächtnis zu behalten. Den Tod zu verdrängen, ist nicht möglich.

Was er bedeutet, sagt Jesus selbst. Er schreit seine Not und Verlassenheit heraus. Die Sinnlosigkeit seines Todes, das Unrecht, das ihm angetan wird, die Unschuld, die geopfert wird – das alles legt Jesus in sein letztes Wort am Kreuz. Er spricht es nicht nur für sich selbst, sondern stellvertretend für alle Menschen, die gefoltert und hingerichtet werden.

Er spricht es mit dem Psalter, dem Gebetbuch Israels. Er spricht den ersten Vers des 22. Psalms, der Klage eines leidenden Gerechten, die später in das Vertrauen auf Rettung und den Dank für die erlangte Erlösung einmündet. So weit kommt Jesus am Kreuz nicht. Die Spannung ist schier unerträglich: »Mein Gott« ruft Jesus, ganz ähnlich wie in Getsemani. Das »Warum?« ist die Klage dessen, der wirklich leidet, und der Notschrei dessen, der wirklich stirbt.

Nur weil in dieser Radikalität die Sinnlosigkeit, das Unrecht, die Unschuld des Todes Jesu zum Ausdruck gebracht wird, im Gebet, kann, ohne dass es zynisch wird, vom Sinn des Todes Jesu gesprochen werden; von der Gerechtigkeit Gottes angesichts schreienden Unrechts und von der Schuld, die von Jesus auf sich genommen wird.

Matthäus verkündet den Tod Jesu nicht, indem er theologische Formeln prägt, die seine Heilsbedeutung zum Ausdruck bringen, sondern dadurch, dass er – auf der Grundlage des Markusevangeliums, aber mit seinen eigenen Worten – erzählt, was passiert ist, und zwar so, dass er es in den Zusammenhang rückt, in dem es Bedeutung gewinnt: in den Zusammenhang der Bibel Israels, die Jesus sterbend im Klagepsalm zitiert, in den Zusammenhang des Wirkens Jesu, karikiert durch die Worte der Spötter, und in den Zusammenhang mit Jesus selbst, dem Sohn Gottes, der am Kreuz stirbt und noch darin, in der Form der Klage, an seinem Gott festhält.

39 Mt 28,1–10: Das leere Grab

[28,1]*Nach dem Sabbat, in der Morgendämme-*
rung des ersten Wochentags, kamen Maria aus
Magdala und die andere Maria, um nach dem
Grab zu sehen. [2]*Da entstand ein gewaltiges*
Erdbeben; denn ein Engel des Herrn stieg vom
Himmel herab, trat hinzu, wälzte den Stein weg
und setzte sich darauf. [3]*Sein Aussehen war wie*
der Blitz und sein Gewand weiß wie Schnee.
[4]*Aus Furcht vor ihm erbebten die Wächter und*
waren wie tot. [5]*Der Engel aber sagte zu den*
Frauen: Fürchtet euch nicht! Ich weiß, ihr
sucht Jesus, den Gekreuzigten. [6]*Er ist nicht*
hier; denn er ist auferweckt worden, wie er ge-
sagt hat. Kommt und seht die Stelle, wo er ge-
legen hat. [7]*Dann geht schnell zu seinen Jün-*
gern und sagt ihnen: Er ist von den Toten
auferweckt worden. Er geht euch voraus nach
Galiläa. Dort werdet ihr ihn sehen. Ich habe es
euch gesagt. [8]*Da eilten sie weg vom Grab, voll*
Furcht und großer Freude, und liefen zu seinen
Jüngern, um ihnen die Botschaft zu verkünden.

[9]*Da kam Jesus ihnen entgegen und sagte:*
Seid gegrüßt! Sie gingen zu ihm, umfassten
seine Füße und warfen sich vor ihm nieder.
[10]*Da sagte Jesus zu ihnen: Fürchtet euch nicht!*
Geht und sagt meinen Brüdern, sie sollen nach
Galiläa gehen; dort werden sie mich sehen.

Das leere Grab ist das Symbol der Auferstehung Jesu von den Toten: seiner leiblichen Auferstehung, ohne die es keine Erhöhung zur Rechten Gottes, keine Erscheinung vor seinen Jüngern, keine Sendung zur Mission gegeben hätte. Das leere Grab ist eine Jerusalemer Lokaltradition in allen vier Evangelien. Es ist zugleich eine Frauentradition. Die Theologie tut sich traditionell schwer mit ihr, weil es keine vernünftige Erklärung für die Leere des Grabes gibt, es sei denn, man wollte an Leichendiebstahl oder raffinierten Betrug denken. Matthäus kennt solche Gerüchte schon und schreibt sein Evangelien gegen sie an, indem er – anders als die anderen Evangelisten – von einem Wachkommando der Hohepriester (Mt 27,62–66) und einem Betrug des Hohen Rates (Mt 28,11–15) erzählt.

Das leere Grab setzt aber das volle Grab voraus. Was anstößiger ist – darüber kann man lange streiten. Das volle Grab bedeutet: Jesus hat wirklich gelebt; er ist wirklich gestorben.

Beim vollen Grab setzt auch das Osterevangelium nach Matthäus an. Die Frauen aus Galiläa, die Jesus nach Jerusalem gefolgt waren und ihn am Kreuz hatten sterben gesehen – sie wissen, wo er begraben liegt, und wollen in ihrer Trauer das Grab der Verstorbenen besuchen.

Diese Frauen werden zu den ersten Zeuginnen der Auferstehung: Grund zum Spott bei den Gebildeten unter den Verächtern des Christentums. Sie hören den Engel, der sie genau an Jesus erinnert und Schritt für Schritt zum Osterglauben führt, wie im Credo: Gelebt – gekreuzigt – begraben – auferweckt – erschienen. Während nach Markus die Frauen überwältigt sind und verstummen, machen sie sich nach Matthäus sofort auf den Weg, den Jüngern die Auferstehung zu verkünden – und treffen auf dem Weg den Auferstandenen selbst, der sie bestätigt, ihren Weg zu gehen.

Die vernünftigste Erklärung für das leere Grab ist, so paradox es klingt, die gläubige: dass das Grab leer gefunden worden ist und dass es leer war, weil Jesus von den Toten auferstanden ist. Ein Beweis lässt sich nicht führen. Aber der Glaube lässt sich auch nicht mit physikalischen oder historischen Argumenten widerlegen, weil ja per definitionem den Bereich der Geschichte und der Natur überschreitet, was er glaubt. Der Glaube geht letztlich auf die Auferstehungsverkündigung Jesu selbst zurück – und zieht die Konsequenzen angesichts seines Todes.

40 Mt 28,16–20: Die Erscheinung des Auferstandenen in Galiläa

28,16 Die elf Jünger gingen nach Galiläa auf den
Berg, wohin Jesus sie bestellt hatte. 17 Als sie ihn
sahen, warfen sie sich vor ihm nieder, einige
aber zweifelten. 18 Da trat Jesus zu ihnen, redete
sie an und sagte: Mir ist alle Gewalt gegeben im
Himmel und auf der Erde. 19 Darum geht und
macht alle Völker zu Jüngern und taufet sie auf
den Namen des Vaters und des Sohnes und des
Heiligen Geistes, 20 und lehrt sie alles halten,
was ich euch aufgetragen habe. Seht, ich bin bei
euch alle Tage bis ans Ende der Welt.

Nach der Erscheinung vor den Frauen in Jerusalem steht, wie angekündigt, die Erscheinung vor den – verbliebenen – elf Jüngern in Galiläa. Sie wird zum Ausgangspunkt für die weltweite Mission der Kirche. So programmatisch, wie Jesus seine irdische Sendung auf Israel konzentriert hat, so programmatisch ist jetzt die universale Öffnung.

Jesus offenbart sich den Jüngern als »Immanuel – Gott mit uns« (Mt 1,23). Ihm eignet göttliche Vollmacht. Er setzt sie ein, um bei den

Jüngern zu sein und sie zu stärken, dass sie sich wieder auf den Weg machen, das Evangelium zu verkünden. Sie brauchen diese Stärkung, weil sie zweifeln, also kleingläubig sind und bleiben. Aber sie erfahren die Stärkung auch und können deshalb in der Vollmacht Jesu selbst wirken – im Interesse all derer, die sie ansprechen sollen, um ihnen Gott so nahe zu bringen, wie Jesus ihn nahegebracht hat.

Wenn die Jünger die Menschen aus den Völkern ihrerseits zu Jüngern machen sollen, heißt das, dass sie in dieselbe Nähe zu Gott gelangen sollen wie sie selbst. Es gibt keine Jünger erster und zweiter Klasse. Es gibt keine Jüngerschaft, ohne dass die Apostel dem Missionsauftrag Folge geleistet hätten; aber durch die Taufe erhalten alle Gläubigen vollen Anteil an der Gemeinschaft mit Gott – und die Lehre Jesu können (und müssen) sie sich genau so zu eigen machen, wie Jesus sie ursprünglich seinen Jüngern nahegebracht hat.

Solange die Zeit währt, braucht man das Matthäusevangelium, um zu wissen, was Jesus gelehrt hat und weshalb die Taufe auf den Namen des dreieinigen Gottes notwendig ist. Wenn das Reich der Himmel da ist, braucht niemand mehr ein Evangelium zu lesen. Aber dann gilt immer noch, was bei Matthäus steht (Mt 24,35):

Himmel und Erde werden vergehen,
aber meine Worte werden nicht vergehen.